당신은 꽤
괜찮은 사람입니다

이미 충분하고 훌륭하며 가치 있는 나의 발견

당신은 ___ 꽤
괜찮은 사람입니다

트레이시 리트 지음 | 김선령 옮김

프롬북스
frombooks

그 누구와도 비교할 수 없는 나의 어머니 토비 리트에게 이 책을 바친다. 책을 쓰면서 나는 매 단계마다 어머니가 나와 함께하심을 느꼈다.

어머니의 죽음을 통해 삶을 존중하는 법을 배웠다. 어머니는 자신을 온전히 드러내면서 의도를 품고 꿈을 향해 과감하게 나아가는 동시에, 어차피 이건 인생일 뿐이니까 세상을 너무 심각하게 받아들이지 말고 현재에 집중하면서 감사한 마음으로 살라고 가르치셨다.

사랑해요, 엄마.

나 자신이 바로 문제이자 해결책이다.

− 트레이시 리트

내가 변하지 않으면 아무것도 바뀌지 않는다

이렇게 만나게 되어 정말 기쁘다!

이 책은 당신을 위한 책이다. 나는 당신이 부족한 부분이 전혀 없는 괜찮은 사람이라는 사실을 알려주고 싶어서 이 책을 썼다. 당신이 지금 하고 있는 어떤 일 때문이 아니라 타고난 그대로의 모습 자체로도 당신은 꽤 괜찮은 사람이다.

당신이 지닌 가치는 날 때부터 존재했다. 당신은 아주 괜찮은 사람이며 예전부터 항상 그래왔고 앞으로도 쭉 그럴 것이다.

어떤 배후 사정이 있는지, 어디서 자랐는지, 무엇을 가지거나 가지지 못했는지, 어떤 트라우마가 있는지, 부모가 누구인지, 그들이 이혼했는지 어떤지, 어릴 때 지나치게 많은 사랑을 받았거나 아예 사랑이 받지 못했는지 등은 중요하지 않다. 당신이 지금 모습 그대로 충분히 괜찮은 사람이라는 사실이 가장 중요하다.

이것은 진리이며, 이 진리를 믿고 받아들이면 모든 것이 변한다. 더 이상 외부의 검증을 받으려고 애쓰지 않아도 된다. 자신이 괜찮은 사람이라는 기분을 느끼려고 해왔던 모든 행동과 태도를 더 이상 취할 필요가 없다. 세상에 당신이 괜찮은 사람임을 증명하는 지표 같은 것은 없기 때문이다. 그냥 자기 본연의 모습대로 자기 힘을 믿고, 무조건적으로 자신을 사랑하고 수용하면서 올바른 선택을 하는 삶을 살아가면 된다.

괜찮은 사람인 당신은 항상 부족함 없는 모습으로 하루를 시작할 자격이 있다. 오늘도 아침에 일어나 눈을 떴다면 그것만으로도 살아갈 자격이 충분하다.

어느 날 '괜찮은 사람'이라는 표현이 번개처럼 뇌리를 스쳤다.

내 성향과 행동, 주변에 있는 많은 사람들(친구, 가족, 내담자 등)의 행동과 존재 방식을 주시하고 관찰하는 사이에 몇 개의 공통된 주제와 패턴을 발견했다.

그리고 이 관찰은 결국 다음과 같은 추론으로 이어졌다. '괜찮아, 난 괜찮다고, 아무 말도 하지 말고 남들 눈에 띄지 않게 움츠리고 지내면서 문제만 일으키지 않으면 돼'라고 생각하는 집단이 있다는 것이다.

그런가 하면 반대편에는 거만하고, 욕구불만에, 공격적이면서 방어적이고, 힘을 과도하게 휘두르는 극단적인 진영이 존재한다.

양측은 동일한 주제를 서로 다른 방향으로 추진하고 있다. 한쪽은 자신이 부족한 존재라고 느끼고 다른 한쪽은 자기에게는 부족한 부분이 전혀 없다고 주장하는 것이다. 하지만 두 가지 선택 모두 우리가 행복한 삶을 살아가는 데 불필요하며 별로 건전하지도 않다.

한편, 이들 두 진영 사이에 또 하나의 공간이 있다. 그리고 나는 그 공간에 있는 이들을 가치 있는 인간이라고 생각한다.

왜냐하면 사실 우리 모두가 거기에 속하기 때문이다. 당신이 이 사실을 깨닫고 받아들이고 믿으면 당신도 변하고 그에 따라 다른 것도 모두 변한다.

'나는 꽤 괜찮은 사람이다'라는 렌즈를 통해 자신과 인생, 세상을 바라보기 시작하게 된다. 우리가 바라고, 꿈꾸고, 원하고, 기도했던 모든 것이 현실이 될 수 있는 곳이 바로 여기다.

가치 있는 인간은 불완전함을 포용하고, 무조건적으로 자신을 사랑하고 받아들이며, 편안한 태도와 자신감을 지녔고, 자기가 무엇을 할 수 있고 없는지 알며, 자기 목소리를 낼 수 있고, 마음

편히 거절하고 기쁘게 승낙하며, 자신과의 관계를 우선시하며, 자기 마음의 주인으로 살아가면서 위트 있고 가벼우며, 자기 삶에서 벌어지는 모든 일은 본인 책임이라는 사실을 이해하며, 실수를 책임진다. 그들은 자기 자신이 문제이자 해결책이 되는 것을 기꺼이 받아들인다. 그것이 원하는 곳으로 갈 수 있는 유일한 방법이기 때문이다.

당신은 지금 모습 그대로 가치 있는 사람이므로 움츠러들 필요도 없고, 그렇다고 일부러 가슴을 쭉 내밀 필요도 없다. 그러니 표현하고 싶은 것들을 그냥 표현하고 원하는 것과 필요한 것을 요청하면 된다.

당신은 남이 건드릴 수 없는 존재이다. 그리고 자신에 대한 철통같은 믿음을 가지고 있다.

가치 있는 인간은 완전히 새로운 방식으로 살아간다. 선택의 힘에 기초한 진정한 자율권을 발휘하면서 자기만의 삶을 살고, 창조하고, 경험한다. 모든 것을 원하는 대로 선택할 수 있기 때문이다.

그리고 그것이 우리가 함께하는 이 여정의 목적지가 될 것이다. 새로운 삶의 방식을 살펴보고 본인이 지닌 선택권의 깊이와 폭을 이해하고 깨달아야 한다. 그리고 본인이 선택했다는 사실조차 몰랐던 많은 일들이 애초에 선택을 통해 이루어졌다는 것도 깨닫게 될 것이다.

이 책은 새로운 이론, 관점, 통찰력을 일깨워줄 뿐만 아니라 배운 내용을 활용해서 실질적인 변화를 이룰 기회도 제공한다. 이 책에서는 이런 기회를 '실습 과제'라고 부른다. 실제로 행동을 취하는 것이 무엇보다 중요하기 때문이다.

변화를 꾀하지 않으면 아무것도 바뀌지 않는다.

자, 나의 멋진 친구들, 이제 파티를 시작해보자.

차 례

어떻게
지금의 내가 되었는지
이해할 준비가 되었는가?

"어릴 때 몸에 밴 프로그램을 책임질 필요는 없다.
하지만 성인이 된 지금, 그걸 바꿀 책임은
100퍼센트 본인에게 있다."

― 켄 키스 주니어

　당신은 어떻게 지금과 같은 사람이 되었는지 궁금해한 적이 있는가? 어떤 과정을 통해 자신의 독특한 자질, 신념, 성격이 형성되었는지 생각해본 적이 있는가? 왜 자신이 특정한 방식으로 반응 또는 대응하는지 의문을 품은 적이 있는가? 자신이 자기만의 세계에 갇혀 있는 이유를 알 수 없어서 좌절감을 느낀 적이 있는가?

　당신은 어떻게 지금의 '자신'이 되었는가?

　이 질문으로 우리는 변화의 여정을 시작할 수 있다.

　당신은 이제부터 변화된 삶을 살겠다고 결심할 수 있다. 어떤 영역에서든 말이다. 지금 바로, 질문하기만 하면 된다. 의문을 품지 않는 사람은 결코 변화할 수 없다. 자신에 대해 더 많은 걸 알고 최고의 모습으로 변화하려면 호기심을 품고 스스로 결정을 내려야 하기 때문이다.

　난 어릴 때부터 호기심이 매우 많았고 항상 "왜?"라는 질문을 입에 달고 살았다. 모든 규칙에 이의를 제기하고, 내가 들은 모든 것에 의문을 품고, 세상이 왜 그렇게 돌아가는지 항상 알고 싶어 했다. 나야 즐거웠지만 이제 부모가 되어 보니 주변 사람들이 얼마나 짜증이 났을지 이해가 간다. 미안해요, 엄마 아빠.

그런 호기심이 날 자기계발의 길로 이끌었고, 결과적으로 끊임없는 질문이 내 성공 비결이 되었다.

30대 후반이 되었을 때 나는 무시할 수 없을 정도로 강한 호기심에 사로잡혀서 개인적인 성장 여정을 시작했다. 앞으로 나아가려면 지금까지의 내 삶을 되돌아보아야 한다는 걸 깨달았다. 당신도 나와 똑같은 일을 해야 한다. 과거를 되돌아보는 과정에서 떠오른 일들이 전부 유쾌하지는 않겠지만 오늘은 새로운 날이니만큼 새로운 결정을 내릴 수 있다.

나는 평생 사람들에게 조언을 해줬고, 그들은 문제가 생길 때마다 나를 찾아왔다. 나는 그 역할이 편했고 사람들이 자신에게 일어난 일을 이해하도록 돕고 해결책을 얘기해주는 것도 좋아했다. 어릴 때도 깊이 있고 의미 있는 대화를 나누는 어른들과 함께 있는 게 더 편했다. 세상에는 '더 많은 것'이 있다는 걸 늘 알고 있었지만 그게 무엇인지, 어떻게 찾아야 하는지는 몰랐다. 그런 내게 역경이 닥쳤을 때 일어난 일을 인정하는 법을 직접 행동으로 가르쳐준 것은 어머니였다. 어머니는 말년에 영적 치료사로

활동했는데 암 진단을 받았을 때도 개인적으로 성장할 수 있는 길을 택하셨다. 자기 몸 안에서 무슨 일이 일어나고 있는지 조사하고, 자신의 '본질'을 찾고 치유하려고 한 것이다. 어머니는 본인의 이익을 위해 지식을 습득하는 것만으로는 만족하지 못하셨다. 그래서 당신이 알게 된 걸 공유하려고 글을 쓰고 강연도 하셨다. 어쩌면 나는 무심결에 어머니가 남기고 떠난 자리를 이어받아 계속해나가고 있는 걸지도 모르겠다.

많은 이들이 그렇듯이 나도 몇 년이 지나서야 진실을 깨닫게 되었다. 지옥 같은 회사 책상 앞에 앉아 있으려니 마음이 너무 괴로웠다. 내 인생을 대충 살고 싶지 않았다. 언제든 다른 회사로 옮길 수도 있었지만, 마음의 목소리를 따르지 못한 채 인생의 마지막 지점에 도달하게 된다면 어떻게 될까? 목표를 제대로 추구하지도 못한 채로? 물론 두렵기도 했지만 그건 그냥 두려움일 뿐이다. 그 두려움을 기꺼이 받아들이면서 다른 선택을 할 수도 있지 않을까?

난 모든 것에 의문을 품었다. 왜 갑자기 그런 호기심이 들끓게 된 건지, 왜 나는 그렇게 오랫동안 이 감정을 무시해온 건지도 궁금했지만 무엇보다 이 의문을 어떻게 해소해야 하는지 궁금했다.

당신도 호기심을 품을 준비가 되었기를 바란다. 과거를 되돌아보면서 앞으로 나아갈 준비가 되어 있기를 바란다. 자기가 어떻게 지금과 같은 사람이 되었는지에 대한 진실을 받아들일 준비가 되었기를 바란다.

받아들이라는 말이 자기 삶에서 일어난 일을 전부 용인해야 한다는 뜻은 아니다. 그냥 과거와 현재의 자신을 받아들이라는 얘기다. 인생에서 무엇인가를 바꾸려면 과거에 일어난 일과 현재 일어나고 있는 일을 받아들일 준비가 되어 있어야 한다. 수용은 판단이나 분석 없이 무언가가 존재한다는 사실을 인정하는 것이다. 그걸 부정하거나 무시하거나 맞서 싸우지 않고 그냥 받아들이는 것이다.

오늘이 당신이 태어난 날이라고 상상해보자. 우와! 생일 축하하고, 세상에 온 것을 환영한다! 당신은 멋지고, 순수하고, 기분 좋고, 가치 있는 아기의 상태로 이 우주에 태어났다. 완전한 모습으로 말이다. 정말 대단한 일이다.

당신은 가치 있는 존재로 태어났다. 사랑스럽게 태어났다. 부족한 부분 없이 만족스러운 상태로 태어났다.

이렇게 태어난 당신은 성장하고 성숙해서 자신의 삶을 살기 시작한다. 며칠, 몇 달, 몇 년이 지나고 당신의 인생은 계속 이어진다. 그렇게 삶이 진행되는 동안 당신은 배우고, 성장하고, 의미를 만들고, 잠재의식 속에 각종 믿음을 심어간다.

이제 진도를 더 나가기 전에 한 가지 물어보겠는데, 가치 있는 인간이란 무엇을 뜻하는 걸까?

당신의 가치는 타고난 권리다. 조건이 붙지도 않고 계속 바뀌지도 않으며 외부의 어떤 것과도 비교할 수 없다. 당신의 가치는 당신이 한 일과 하지 않은 일, 가진 것과 가지지 못한 것, 말한 것과 말하지 않은 것을 기준으로 측정할 수 없다. 다른 사람들이 당신에 대해 말하거나 말하지 않는 것으로도 측정할 수 없다. 당신에게 일어난 어떤 일을 통해서도 측정할 수 없다. 당신의 가치는 자동으로 당신의 것이며, 자신의 일부이므로 남에게 양도할 수도 없다.

지금은 자신의 가치를 받아들이는 걸 방해하고 있지만 앞으로 이 여정에 함께해야 하는 것이 있다. 바로 마음이다. 마음은 항상 자신을 위해 일하거나 아니면 대적한다. 나중에 오롯이 마음에 대해서도 다루겠지만, 우선은 우리가 어떻게 지금과 같은 사람이 되었는지 이해하기 위해 여기서부터 시작해보자.

우리의 마음은 의식과 잠재의식으로 이루어져 있다.

잠재의식은 특별히 힘들지는 않지만 살아가는 데 꼭 필요한 모든 기능을 담당한다. 숨을 쉬고, 눈을 깜박이고, 음식을 소화하고, 최적의 체온을 유지하고, 심장이 규칙적으로 뛰도록 한다. 또 모든 기억과 경험을 저장하고 배운 것을 모두 보관해둔다. 무엇이 좋고 나쁜지 판단하지 않고 그냥 들은 내용을 모두 저장하는

어떻게 지금의 내가 되었는지 이해할 준비가 되었는가?

것이다. 백그라운드에서 자동으로 실행되는 프로그램인 셈이다.

젠은 매일 운동을 하고, 몸에 좋은 음식을 먹고, 물을 많이 마시겠다고 다짐했다. 그녀는 근래에 피곤하고 부담감을 심하게 느끼며 심지어 좋아하는 일에 대한 의욕도 자꾸 떨어지는 문제를 바로잡기 위해 스스로 이런 다짐이 필요하다고 생각했다. 그러나 그녀의 일상생활에는 '잘못된' 게 하나도 없다. 그저 본인과의 약속을 지켰다면 기분이 더 나아졌을 텐데 지키지 않고 있는 것뿐이다. 젠은 늦게까지 야근을 하는 바람에 가고 싶었던 피트니스 수업에 참석할 수 없었다. 점심시간에는 건강에 좋지 않은 음식을 먹었고, 하루를 버티기 위해 커피를 한 잔 더 마셨다.

사실 젠의 이런 선택은 자발적으로 내린 것이 아니다. 기분이 좋지 않은 상태에서 스스로를 돌볼 자격이 없다고 생각한 그녀의 믿음을 무비판적으로 저장한 잠재의식이 결정한 것이다. 젠은 본인이 이런 행동을 직접 선택했다고 생각하지만 사실은 잠재의식이 선택을 주도하고 있으며 이는 그녀가 실제로 하고 싶은 일과 정반대다.

잠재의식은 머릿속에 저장된 모든 것을 우리가 오늘 경험하는 생각, 패턴, 행동과 일치시켜서 모든 말과 행동이 본인의 자아 개념을 따르도록 한다. 그렇기 때문에 우리가 어떻게 지금과 같은 사람이 되었는지 이해하는 게 중요한 것이다.

논리, 추론, 의사결정을 담당하는 의식은 의도적이며 우리의 행동을 통제한다. 시각, 후각, 청각, 미각, 촉각 등 오감을 통해 들어오는 정보를 식별하고 해당 정보를 평가한 뒤 취해야 할 적절한 조치를 결정한다. 이것이 우리가 의식하는 마음이다.

밖은 춥고, 습하고, 어둡다. 하루 종일 집에서 일한 로렌은 지금 편안하고 따뜻한 상태이니 계획했던 일정을 따르는 것보다 그냥 집에서 영화나 보는 편이 더 즐겁게 저녁시간을 보내는 방법이 아닐까 생각했다. 원래 로렌은 달리기를 하러 갈 예정이었다. 현관문을 나서서 달리기를 시작하려면 여러 가지 의식적인 결정을 내려야 한다. 옷을 갈아입어야 하고, 달리면서 들을 플레이리스트도 골라야 한다. 근사한 반사 재킷도 챙겨 입어야 하고, 빌어먹을 운동화도 찾아야 한다. 이런 선택이 계속된다. 하지만 이 의식적인 선택은 로렌의 자아 개념과 일치하기 때문에 계획했던 일정을 재고할 필요가 없다. 달리기는 그녀가 목요일마다 꼭 하는 일이다!

겉보기에는 의식이 모든 걸 처리하는 것처럼 보이지만 실은 그렇지 않다. 장기적으로는 결코 아니다. 잠재의식이야말로 삶의 청사진이며 우리 마음의 책임자다. 일상적인 경험의 95~97퍼센트는 잠재의식에서 비롯되고, 의식에서 비롯되는 건 3~5퍼센트에 불과하다. 따라서 자신의 잠재의식 속에 무엇이 저장되어 있는지 잘 알아야 한다.

본인이 저장한 내용을 통제하지 못하면 자기 삶에서 뒷전으로 밀려나게 된다. 우리는 과거의 경험과 오래된 프로그램을 바탕으로 만들어진 길을 가고 있다.

자기 잠재의식을 점검할 수 있게 되면 어떻게 내 삶이 지금 이 지점에 이르렀는지 이해할 수 있다. 우리는 자신의 기억, 믿음, 살아온 경험, 배운 정보를 감사監査해야 한다. 감사 과정에서 저장된 데이터 중 더 이상 자신에게 도움이 되지 않는 것이 있을 텐데, 이걸 처리하는 방법을 직접 선택할 수 있다. 잠재의식 속에 불필요한 정보를 위한 공간을 계속 확보해둘 것인가, 아니면 새로운 선택을 하고 프로그래밍을 변경해서 앞으로 나아갈 것인가? 무엇을 저장할지는 본인이 선택할 수 있다. 우리 잠재의식은 지시받은 대로 행동하고 일상적인 경험을 본인이 편안하게 느끼는 것과 일치시킨다는 걸 기억하자. 원하는 것들만 저장하면 잠재의식이 당신을 원하는 목적지로 데려가게 할 수 있다.

잠재의식이 코끼리라고 가정해보자. 6톤 분량의 믿음, 경험, 기억, 보이지 않는 규칙, 즉 우리를 구성하는 프로그램을 저장하고 있는 코끼리다. 의식이 아무리 간절하게 무언가를 원해도 코끼리의 지지와 동의가 없으면 아무것도 얻을 수 없다. 6톤짜리 코끼리가 모든 걸 책임지고 있기 때문이다.

제이슨은 외동아들이다. 그는 어린 시절 대부분을 방에서 혼자 보냈다. 그의 코끼리는 나는 중요하지 않은 존재이므로 남들에게 방해가 되지 않는 편이 낫다는 믿음으로 가득 차 있었다. 청년이 되어 사회생활을 시작한 그는 주도성과 추진력이 부족하다는 말을 들었다. 그는 리더가 되어 자기 목소리를 내려고 끊임없이 노력했다. 어떻게든 개선하고 변화하고 싶었지만 그 코끼리는 꿈쩍도 하지 않았다.

코끼리가 방향을 바꾸게 하려면 핵심적인 신념부터 식별해서 변경해나가야 한다.

그 일이 쉽다고는 말하지 않겠다. 당연히 쉽지 않다. 하지만 이게 우리 여정의 시작점이며, 당신은 이미 코끼리의 방향을 바꾸는 놀라운 일을 하고 있다. 이 책을 집어든 것만으로도 이미 코끼리를 쿡쿡 찌른 셈이다. 책을 펼쳐서 읽기 시작하면 조금 더

어떻게 지금의 내가 되었는지 이해할 준비가 되었는가?

세게 쿡쿡 찔러볼 수 있다. 당신은 이미 자신의 제한적인 신념을 찾아내기 시작했고 앞으로도 계속 찾아낼 것이다. 그리고 곧 자신에게 도움이 되는 새로운 선택을 하고 코끼리가 원하는 방향으로 움직이도록 훈련할 수 있게 될 것이다.

　의식적으로 열심히 체중 감량을 시도하더라도 잠재의식이 지금의 몸무게가 몸을 안전하게 지켜준다고 믿으면 아이스크림을 통째로 들고 TV 앞에 앉게 되므로 살을 뺄 수가 없다.
　의식적으로는 꿈꾸던 사업을 시작할 준비가 되었더라도 잠재의식이 나는 성공할 자격이 없다고 여긴다면 결국 행동을 취하지 않을 것이다.
　의식적으로는 천생연분을 만날 준비가 되었다고 선언하더라도 잠재의식이 본인은 호감 가는 사람이 아니라고 여긴다면 결국 독신으로 살아가게 될 것이다.

　그게 바로 잠재의식의 힘이다. 당신은 어떻게 생각할지 몰라도 나는 그 힘이 내게 불리하게 작용하는 게 아니라 유리하게 작용하도록 하고 싶다.
　그럼 당신은 어떻게 이 자리까지 오게 되었는가?
　인간인 우리는 의미를 창조하는 능력을 타고났다. 우리는 자신의 경험, 자기 자신과 주변에 일어나는 일에 대해 느끼는 감정을 바탕으로 사물에 의미를 부여한다. 당신은 의미를 만들어내는 기계다. 하지만 아기, 유아, 어린이, 청소년, 심지어 청년이 된 뒤에도 자기가 어떤 의미를 만드는지, 그리고 그것이 성인이 된 자신의 힘을 얼마나 약화시키는지 의식하지 못한다.

네 살인 잭은 어머니가 아침식사를 준비하는 동안 부엌 바닥에 앉아 여동생 엘리와 놀고 있다. 엘리가 잭의 장난감을 빼앗자 잭은 짜증을 내면서 엉엉 운다. 그러자 어머니는 "동생이랑 같이 갖고 놀아야지"라면서 잭의 등을 찰싹 때린다. 잭이 더 크게 울자 "그만 울어, 넌 이제 아기가 아니야"라는 고함 소리가 날아온다.

잭이 만들어낸 의미: 우는 건 나쁘고 아기들만 하는 일이다. 나는 아기가 아니다. 그러니 난 나쁜 짓을 한 것이고 울면 안 된다.

애디슨은 다섯 살인데 부모님의 결혼생활이 파탄을 겪고 있다. 가족이 여전히 함께 살고 있어서 애디슨은 부모님이 말다툼하는 걸 전부 들을 수 있다. 즉 그들이 돈 때문에 싸우는 걸 듣는 것이다. 다투는 내용은 항상 돈이 얼마나 없는지, 부모 중 한 명이 얼마나 벌었는지, 다른 한 명이 얼마나 썼는지에 관한 것이다. 애디슨은 둘의 고함소리를 듣지 않으려고 대부분의 저녁시간을 자기 방에서 혼자 보내면서 부모가 자기 존재를 알아차려주기를 바란다.

애디슨이 만들어낸 의미: 돈은 좋지 않은 것이다. 사람들을 싸우게 만든다. 나는 돈을 좋아하지 않는다.

쉬는 시간을 좋아하는 전형적인 일곱 살 아이 나탈리는 학교 운동장을 돌아다니다가 같은 반 여자아이들이 어울려 놀고 있는 모습을 보고 물어보았다. "나도 같이 놀아도 돼?"
여자아이들은 조용히 나탈리를 바라보기만 했는데 그중 대장격인 여자아이가 소리쳤다. "저리 가. 우리는 너랑 놀고 싶지 않아." 나탈리가 달아나는 동안 다른 아이들도 등 뒤에서 대장이 한 말을 똑같이 외쳐댔다.

나탈리가 만들어낸 의미: 내게 뭔가 문제가 있고, 나는 중요한 존재가 아니며, 괜찮은 아이도 아니다. 내가 괜찮은 아이라면 그 아이들도 나와 놀고 싶어 했을 것이다.

이 세 명의 아이들은 마음속에 영원히 새겨질지도 모르는 의미를 만들어냈다. 그들은 자기가 처한 상황에 의미를 부여했고 그의미는 잠재의식에 저장되었다. 그것이 자동 프로그래밍의 기초를 형성하면서 아이들의 일부가 되었다.

우리 머릿속에서는 바로 이런 일이 일어나고 있다. 우리는 자신의 핵심적인 신념이 되는 의미를 창조하면서 인생을 살아간다.

핵심 신념은 자기 자신, 타인, 자기가 처한 상황을 인식하는 방식에 영향을 미친다. 우리가 생각하고 행동하는 방식이나 태도에도 영향을 미친다. 그렇게 핵심 신념은 우리 삶의 방식을 결정하는 보이지 않는 규칙이 된다. 그리고 어느덧 아이는 자라서 어른이 된다.

우리는 이런 규칙에 의문을 제기하는 법을 배우지 못했기 때문에 시간이 지나면서 생긴 정체성을 그냥 맹목적으로 받아들인다. 그 정체성이 바로 우리의 '본질'이다. 우리는 자기 본질의 렌즈를 통해서만 세상을 바라볼 수 있으므로 이건 무엇보다 중요하다.

우는 건 나쁘다는 생각을 품게 된 잭은 이제 자녀를 둔 부모가 되었다. 그는 감정을 드러내는 건 나약한 행동이라는 생각에 감정을 억누르며 살았는데, 이로 인해 아내나 아이들과 단절감을 느낀다. 그가 어린 아들에게 "진짜 남자는 울지 않아"라고 말하자 아들은 상처받은 표정으로 당혹스러워했지만, 잭은 그런 식으로 말하는 것 외에는 아이와 소통하는 방법을 모른다.

애디슨은 열심히 일하지만 돈을 잘 모으지 못한다. 돈을 벌어도 금세 어디론가 사라져버린다. 직접 사업을 하고 싶다는 꿈이 있지만 저임금 직장에 갇힌 채로 탈출구를 찾지 못하고 있다. 그래서 자기보다 많이 버는 사람을 싫어하고 이런 태도 때문에 타인과 관계를 맺는 데도 어려움을 겪는다. 파트너와 돈 문제로 논쟁을 벌이고, 금전 부족이 자기 삶을 결정짓는 것처럼 느낀다.

나탈리는 어릴 때부터 또래 여자아이들이 좋아하는 일은 별로 하고 싶지 않은 척하면서 공부에만 전념했다. 덕분에 엄청난 성공을 거뒀고 서른 살이 되기도 전에 큰 회사를 운영하면서 또래보다 돈도 많이 벌었다. 나탈리는 낮에는 성공한 사람의 전형적인 모습이지만 집에 돌아가 혼자 있을 때면 불안감에 시달리면서 직원들이 자기를 좋아하지 않고 스스로 지금의 역할에 적합하지 않다는 생각에 괴로워한다. 본인 외에는 아무도 이런 모습을 모르지만 나탈리의 자신감은 항상 바닥을 치고 있다.

이 세 명의 성인은 자기 삶에서 일어나는 일에 의문을 품지 않았다. 그냥 현재의 모습을 받아들이면서 자기가 가진 것을 이용해 최선을 다하고 있다고 생각했다. 그러니 굳이 의문을 품을 필요가 어디 있겠는가?

성인이 된 우리는 자신의 일부를 바꾸는 것, 자기가 아는 삶의 일부를 바꾸는 것이 가능하다는 걸 모르는 경우가 많다. 그런 상태에서 기존의 정체성을 계속 강화하면서 '이게 바로 나야'라고 생각한다.

하지만 그건 헛소리라고 단언할 수 있다.

우리는 변화를 이룰 수 있는 강한 존재다. 우리는 성장하고 진화할 수 있는 존재다. 자신에게 도움이 되지 않는 부분은 버리고 결별할 수 있다. 자신이 원하는 삶과 일치하지 않는 부분은 바꿀 수 있다.

자아에 눈뜨는 방법, 다르게 생각하는 방법, 기분이 좋아지는 방법, 새로운 태도와 행동을 개발하는 방법을 배울 수 있다. 벗어날 필요가 없는 삶을 경험할 수 있다. 자기가 사랑하는 삶을 살아갈 수 있다.

우리는 완전히 고정된 존재가 아니기 때문에 쉽게 주변의 영향을 받는다. 정말 흥미롭지 않은가? 난 이 사실을 깨닫고 깜짝 놀랐다. '말도 안 돼! 정말 엄청나잖아. 왜 다들 이 사실을 모르는 거지?' 그게 바로 내가 이 책을 쓰게 된 중요한 이유 중 하나다.

사실 신경과학자들이 뇌가 고정되어 있지 않다는 사실을 알아낸 건 불과 수십 년 전의 일이다. 그전에는 뇌가 유년기의 중요한 시기에만 발달하고 어른이 된 뒤에도 그 모습을 그대로 유지한다고 생각했다.

우리 인생을 바꾼 이 놀라운 연구에 참여한 신경과학자들은 뇌가 성인기에도 계속 변한다는 결론을 내렸다. 인간은 언제든 새로운 생각을 하면서 완전히 새로운 사고방식을 만들어낼 수 있다는 것이다.

정말 놀랍지 않은가.

우주에 존재하는 모든 인간은 본인이 원하는 대로 느끼고, 존재하고, 행동하고, 창조할 수 있다. 그게 결론이다. 지금 당신의 머릿속에는 이 진실에 반박하는 온갖 생각이 떠오르고 있을 텐데, 그건 매우 정상적인 반응이다. 하지만 내 얘기를 잘 들어보면 당신도 결국 이 개념을 완전히 믿고 이해하게 될 것이다.

그럼 내가 방금 떨어뜨린 진실의 폭탄을 좀 더 자세히 파헤쳐 보겠다.

우리는 엄마 배 속에 있던 임신 후기부터 약 일곱 살까지 기본적으로 1년 365일, 주 7일, 하루 24시간 내내 세상을 녹화하는 비디오카메라라고 할 수 있다.

무슨 말인지 알겠는가? 우리의 뇌가 주변에서 벌어지는 일을 전부 기록한다는 얘기다. 모든 걸 다 말이다. 그리고 그것이 본인에게 미칠 영향을 고려하거나 분석하지 않은 채 그대로 잠재의식에 저장한다. 이건 우리가 선택하는 게 아니라 그냥 저절로 그렇게 되는 것이다. 일곱 살이 넘은 뒤에도 기억과 경험, 스스로 만들어낸 의미를 계속 저장하고, 그것을 바탕으로 잠재의식의 기초가 형성된다.

앞서 자신의 '본질'이 세상에서 가장 중요하다고 했던 것 기억나는가? '본질'은 바로 이런 식으로 발달한다.

우리가 주변에서 벌어지는 일을 모두 기록하는 동안 '의미 발생기'는 초과근무를 하고 있다. 인간은 의미를 만드는 기계라는 사실을 기억하자. 살아가는 동안 계속해서 온갖 일이 벌어지기 때문에 거기에 의미를 부여해야만 그 상황을 이해하고 올바른 위치에 저장할 수 있다.

이 시스템의 문제점은 어릴 때는 스스로 의미를 만든다는 것, 그리고 성인이 된 뒤에 그 의미가 자신을 망칠 수도 있다는 사실을 모른다는 것이다. 어린아이는 본인에게 일어난 일이나 그것을 통해 만들어낸 의미에 책임을 지지 않는다. 하지만 이제 성인이 되었으니 방해가 되는 것들을 바꿀지 말지를 본인이 책임지고 결정해야 한다.

어린 트레이시의 의미 발생기

이제 어린 트레이시가 만들어낸 의미를 몇 가지 살펴보면서 누구나 그런 행동을 한다는 걸 확인해보자. 우리는 모두 의미 발생기의 영향을 받으며, 성인이 된 뒤에는 그 의미를 유지할 것인지 아니면 바꿀 것인지 선택할 수 있다.

나는 1977년 5월에 태어났다. 내가 세상에 태어난 날은 나의 탄생을 축복하듯 매우 멋진 날이었다. 난 태어날 때부터 코에 나무처럼 생긴 반점이 있었다. 어머니는 항상 그 반점이 내 장점과 힘을 상징한다고 말씀하셨다. 내 기분을 북돋워주려는 다정한 노력이었다. 내가 태어나고 며칠 뒤, 할머니가 날 보러 병원에 오셨다. 물론 나는 그때 일을 기억하지 못한다. 그러니 남에게 들은 이야기겠지만 내 내면의 비디오카메라는 분명히 켜져 있었을 것이다. 날 안아 든 할머니는 어머니에게 이렇게 말했다. "모든 사람이 제이미처럼 생길 수는 없지!" 나보다 두 살 많은 제이미 언니는 훨씬 귀엽게 생겼다.

　물론 그런 말을 직접적으로 한 사람은 없으니 오해하지 말기 바란다. 난 할머니를 정말 사랑했고 모쪼록 하늘나라에서 평안하시길 바란다. 할머니도 날 사랑했다는 걸 알지만 그 사랑은 내 비디오카메라에 포착된 것처럼 할머니 입에서 나온 말로 표현되지는 않았다.

　자라는 동안 제이미 언니와 비교당하면서 느낀 열등감은 나만의 코끼리가 되었다. 내가 네댓 살쯤이었을 때 엄마가 찍은 홈비디오가 있다. 제이미 언니는 아름다운 은색 빗으로 공주처럼 화려하고 윤기 나는 긴 머리카락을 빗고 있다. 카메라는 방 안을 맴돌다가 구석에 앉아 이상하게 짧고 곱슬곱슬한 머리카락에 엉킨 빗을 쥐고 낑낑대는 나를 발견한다. 지금도 그 영상을 보면 감정이 북받친다. 방 건너편에 있는 언니를 바라보며 언니의 삶은 수월하겠지만 내 삶은 힘들 거라는 메시지를 받아들이고 있는 내 눈에는 괴로운 빛이 서려 있다. 언니는 저렇게 멋진데 나는 그렇지 못한 걸 보면, 아마 내가 별로 괜찮은 사람이 아니라서 그런 모양이다, 라고 생각했다.

　제이미 언니의 뛰어난 성적도 노력 없이 쉽게 얻는 것 같았다. 나는 열심히 공부해도 정답을 맞히지 못했다. 물론 그건 내가 제이미 언니만큼 똑똑하지 못하기 때문이다. 어릴 때는 두 살이라는 나이 차이가 중요한 요소로 작용한다는 걸 몰랐기에 언니와 나를 동등한 위치에서 비교했다. 하지만 언니가 정한 듯한 기준에 맞춰 사는 건 불가능하다는 걸 깨달았다. 노력하면 할수록 더 어리석어지는 기분이 들었다. 부모님은 언니와 나를 그런 식으로 비교하지 않았지만 내 의미 발생기가 모든 실권을 쥐고 내 생각을 좌우했다.

우리 둘이 드라마 캠프에 간 적이 있다. 그곳에서 누가 스타가 됐고, 누가 뒷줄에 앉아 출연진 머릿수나 채웠을 것 같은지 맞혀보라. 당신의 추측이 맞다. 나한테 다가와서 언니가 얼마나 대단한 사람인지 말하는 이들에게 1달러씩 받았다면 할리우드 스타만큼 부자가 되었을 것이다. 그런 일을 겪으면서 내 마음은 서서히 죽어갔다. 다들 친절한 마음에서 한 얘기고 언니가 대단한 사람이라는 그들의 말이 옳다는 것도 안다. 하지만 그건 내가 부족한 사람임을 입증하는 증거처럼 계속 쌓여갔다.

우리 둘이 치어리더가 되고 싶어 했을 때 일어난 일은 형제자매 사이에서 벌어질 수 있는 최악의 악몽이었다. 제이미 언니는 당연히 치어리더로 선발되어 팀 재킷을 받았다. 하지만 나는 치어리더로 뽑히지 못하고 인형 탈을 쓰고 돌아다니는 팀 마스코트가 되었다. 농담이 아니라 진짜다. 그날 내 의미 발생기는 격한 불길에 휩싸였다.

성인이 된 뒤에도 마음에 남아 있는 의미를 만든 건 언니와의 끊임없는 비교뿐만이 아니다. 어릴 때 나는 상당히 대담한 아이였다(어른이 된 뒤에도 그런 성향을 유지할 수 있어서 기쁘다). 다섯 살 때 친한 친구와 함께 한밤중에 동네 산책을 나간 적이 있다. 우리가 모험에 나선 동안 부모님은 내가 실종된 줄 알고 경찰에 신고까지 했다. 태평한 모습으로 집에 돌아온 나를 경찰관 두 명이 맞아줬는데, 그 순간에는 경찰관보다 어머니가 훨씬 무섭게 느껴졌다. 경찰들은 어이없다는 표정을 지으며 말했다. "보세요, 애들은 이리저리 돌아다니다가도 대개 한 시간 안에 집에 돌아옵니다. 아이를 야단치는 건 어머니께 맡기죠." 어머니는 날 확실하게 야단쳤다. 그리고 난 그런 행동이 잘못되고 어리석고 버릇없는 행동이라는 걸 알게 됐지만(어머니가 여러 번 그렇게 말했다), 내 의미 발생기는 해서는 안 되는 일을 하면 남들의 관심을 받는다는 걸 배웠다.

그런 의미가 모두 더해져서 '나'라는 사람이 되었고 내가 지금과 같은 모습이 되도록 도와줬다. 나는 청소년기와 십대 시절 내내 철저한 반항아로 살았다. 남들이 뭔가를 보고 검다고 말하면 나는 그게 흰색이라고 끝까지 우겼다. 내가 어떤 일을 하는 걸 부모님이 원치 않으면 그 일이 나의 최우선 과제가 되었다. 선생님이 내게 넌 뭔가를 할 수 없다고 말하면 그걸 끝내기 위해 필요한 모든 노력을 다 기울였다. 그분들이 나한테 넌 숙제를 끝마칠 수 없을 거라고 말했더라면 좋았을 텐데. 난 공부를 중요시하지 않았기 때문에 학교에 별 관심이 없었다. 나는 학문적으로 성공할 만큼 똑똑하지 않다고 여겼으므로 다른 방법으로 성공하는 데 에너지를 쏟았다.

난 모두가 의지하는 사람이 되었다. 친구에게 도움이 필요하면 항상 내가 곁에 있었다. 낮이건 밤이건 상관없었고, 아무것도 묻지 않았다. 그냥 내가 도울 수 있는 일이 있으면 뭐든지 다 했다. 남들의 인정이 필요했고 내가 괜찮은 사람이라고 느끼고 싶었다. 그 소망을 이룰 유일한 방법은 모든 사람에게 모든 것이 되려고 노력하는 것뿐이었다.

이런 선택과 행동은 잠재의식 프로그래밍이 주도한 것이다. 의미 발생기를 통해 핵심 신념을 저장했기 때문에 위험을 감수하면 관심을 받는다는 걸 알게 되었다. 나는 별로 괜찮은 사람도 아니고 똑똑한 사람도 아니라는 걸 알고 있었고 잠재의식은 경험을 통해 날마다 그런 믿음을 강화시켰다.

진실은 무엇인가?

하지만 내가 만든 의미는 전부 사실이 아니었다. 전부. 그래도 이런 개인적인 성장 여정을 거치면서 지금 얘기하는 사실들을 알게 되었다. 난 어린 트레이시가 그런 경험을 통해 만들어낸 의미에 이끌렸을 뿐이고, 그 의미는 내가 세상을 바라보고 결정을 내리는 렌즈가 되었다.

관심을 받고 싶으면 건전한 방법으로 자신에게 관심을 줄 수도 있다. 나는 예전에도 지금도 매우 훌륭하고 똑똑한 사람이다.

그렇다면 렌즈란 무엇을 의미하는가?

안경을 생각해보자. 안경을 맞추려면 처방전이 있어야 하는데, 잠재의식 프로그래밍이 바로 렌즈를 맞추기 위한 처방전이다. 이 처방이 있어야만 렌즈를 통해 본인의 세계를 지켜보거나 만들어갈 수 있다.

계속해서 렌즈를 통해 세상을 바라보다 보면, 지금의 자신은 원래 되고 싶었던 존재도 아니고 지금과 같은 위치에 있거나 지금과 같은 기분을 느끼고 싶지도 않다는 걸 깨닫게 된다. 그런 깨달음은 이혼이나 질병, 막대한 손실, 직장이나 사업에서 막다른 골목에 부딪히는 등의 특정한 촉매제를 통해 얻을 수도 있고, '이게 다야?'라는 뼈아픈 느낌과 함께 생길 수도 있다.

자신에게 '나는 누구이고 내 인생의 목적은 무엇인가?'라는 질문을 던지고 있다면 이제 렌즈를 교체할 준비가 된 것이다. 자기 삶이 잠재력을 발휘하지 못하도록 가로막는 끝없는 고리에 갇혀 있는 기분이 든다면 이제 확실히 새로운 처방이 필요한 때가 되었다.

안경 처방전을 바꿀지 말지도 본인이 선택할 수 있다. 계속 잠재의식의 인도를 받아 기존 패턴을 반복하면서 현재의 위치에 머무를 수도 있고, 본인의 진정한 의미와 신념을 찾아내 처방전을 바꿀 수도 있다.

정말 다행스러운 점은 신념이란 본인이 반복해서 한 생각이 현실이 된 것이라는 사실이다.

그리고 우리는 자신의 생각을 선택할 수 있다.

본인과 본인 인생에서 원하는 건 뭐든지 바꿀 수 있다는 얘기다.

레이첼은 사업을 하면서 어려움을 겪고 있다고 했다. "이것저것 다 해봤지만 돈을 충분히 못 벌고 있어요." 그녀는 첫 번째 상담 때 이렇게 말했다.

나는 다음의 문장을 완성해보라고 했다. "돈은 ……이다."

레이첼은 분노의 파도 속에서 이런 말을 쏟아냈다. "악이다, 벌기 어렵다, 나쁘다, 내 모든 문제의 근원이다, 사람들이 싸우는 이유다, 나무에서 자라는 게 아니다, 부자들이 멍청한 이유다."

"돈에 관한 그런 사실은 어디서 배웠나요?" 내가 물었다.

"부모님은 자주 다투셨는데 대개 돈 문제 때문이었어요. 상대방에게 아주 못되게 굴었고 그래서 서로를 미워하게 된 것 같아요. 그런 모습을 보면서 자란 탓에 돈을 가까이하고 싶지 않아요. 돈 때문에 너무 많은 문제가 생기거든요."

레이첼의 의미 발생기도 어릴 때부터 열심히 일했다. 돈이 문제의 근원이라고 여기는 레이첼의 잠재의식은 당연히 돈을 멀리하려고 가능한 모든 노력을 다 기울일 것이다. 그녀의 의식적인 마음은 이것저것 다 해보려고 노력할 수도 있지만 실권을 쥐고 있는 건 잠재의식 쪽이다.

내가 진행한 라이브 세미나에 참석한 빅토리아는 결혼생활에 어려움이 있다고 말했다. "전 남편을 부정적으로 생각하지는 않아요." 그녀가 재빨리 덧붙였다. "남편이 나를 사랑하고 날 위해서라면 뭐든 해주리라는 걸 알거든요. 하지만 그와 함께 있으면 외로움과 단절감을 느껴요."

빅토리아에게 이런 감정을 남편에게 털어놓지 못하는 이유가 뭐냐고 물었다. 그녀는 가만히 바닥을 응시하면서 대답했다.

"그는 가족을 부양하려고 정말 열심히 일해요. 그 사람이 밖에서 힘든 하루를 마치고 돌아왔을 때 괜히 귀찮게 하고 싶지 않아요."

나는 그런 태도가 어린 시절에 새겨진 기억의 결과물이라는 걸 알아차렸다. "재밌네요. 어떻게 그런 생각을 하게 된 거죠?"

"내 일은 그 사람 일보다 중요하지 않은 것 같아요." 그녀는 의자에 맥없이 몸을 기대며 속삭였다.

"왜 그런 생각을 하게 됐어요?" 내가 물었다.

진실을 캐내기까지 얼마나 많은 질문을 던져야 하는지는 중요하지 않다. 내담자의 머릿속에 새겨진 의미가 어디에서 비롯되었는지 알아야만 바꿀 수 있다.

"우리 어머니가 그랬어요." 그녀는 울기 시작했다. "어머니도 감정을 속으로만 억누르면서 아버지에게 한마디도 하지 않으셨죠. 그리고 내 결혼식 날 이렇게 말했어요. '항상 차분한 태도로 남편을 대하고, 속마음 털어놓고 싶으면 친구들에게 얘기하렴. 네 일 때문에 남편을 힘들게 하지 말고.' 내 결혼식 날 그런 말을 했다는 게 믿어지세요?"

물론 믿을 수 있다. 사람들은 자기 말이 얼마나 강력한 힘을 지니고 있는지 모른다. 빅토리아는 이 메시지를 마음속 깊이 받아들였다. 오랜 시간 가족의 상호작용을 통해 느꼈던 메시지를 어머니가 직접 전달한 것이니 이보다 더 강력할 수 없었다.

대형 보험사를 운영하는 니콜은 기진맥진한 상태였다. 항상 전력을 다해 일하느라 마지막으로 쉰 날이 언제인지 기억도 나지 않았다. 인생의 모든 부분이 고통스러웠지만 도저히 속도를 늦출 수가 없었다.

니콜에게는 아무것도 물어볼 필요가 없었다. 처음 대화를 나눌 때부터 자기 아버지에 대해 얘기했기 때문이다.

"아버지는 가족을 아주 훌륭하게 부양했어요. 어머니는 아버지가 곁에 있어주지 않아서 좌절감을 느꼈지만 그래도 우리 가족은 풍족한 삶을 살았죠. 아버지는 성공하려면 계속 일해야 한다고 가르치셨어요. 일을 많이 해야 좋은 결과를 얻게 되는 법이니까 휴식 같은 건 필요 없다고 하셨죠."

니콜이 아버지의 뒤를 따르고 싶어 하는 건 잘못된 게 아니지만, 그녀는 스스로 불필요한 장애물을 만들어냈다. 니콜은 본인이 원하는 성공의 형태를 선택할 수 있었다. 원하는 '결과'를 재정의하고 자신의 에너지를 일 이외의 것에 집중할 수도 있었다. 아버지와 똑같은 형태로 성공할 필요도 없고 죽도록 노력할 필요도 없다.

드립 과정

우리를 좌우하는 프로그래밍은 우리가 평소에 받아들인 의미에서만 비롯되는 게 아니다. 남들에게 들은 이야기나 어릴 때의 양육 방식 등을 통해 직접적으로 입력된 내용으로도 구성된다. 빅토리아와 니콜의 경험을 통해서도 알 수 있듯이 부모, 형제자매, 교사, 보호자, 종교 지도자, 친척, 친구, 코치 등의 말과 행동이 잠재의식에 직접 영향을 미친다.

나는 이걸 드립 과정Drip Process이라고 부른다. 누군가가 우리에게 부정적인 생각을 주입하는 것이다.

이건 세대 간에 필연적으로 발생하는 일이다. 증조할머니가 할머니에게 부정적인 생각을 주입했고 할머니는 어머니에게, 어머니는 또 우리에게 부정적인 생각을 주입했다. 이제 이 사이클을 계속 이어갈지 여부는 우리 자신에게 달려 있다.

드립 과정은 잠재의식에 힘을 실어주는 생각과 힘을 앗아가는 생각을 모두 주입할 수 있으므로 이 과정을 반드시 인식해야 한다.

이전 세대들은 각자 다른 문제와 가치관, 기대를 품고 우리와 다른 시대를 살았다는 사실을 알아야 한다.

우리 조부모와 증조부모 세대는 심한 스트레스와 압박감을 느끼며 살아야 했다.

남자들은 금욕적인 태도를 유지하라는 말을 들으며 자랐고, 감정을 드러내는 게 약점이 된다고 배웠다. 또 열심히 일할수록 생산성이 높아지고 따라서 본인의 가치도 높아진다는 말도 들었다.

여자들은 어릴 때부터 순종적이고 복종적인 태도를 유지하라고 배웠다. 항상 겸손해야 하고 자기 문제로 다른 사람에게 부담을 주지 말라고들 했다.

우리는 흔히 자기가 가진 것, 하는 일, 구입하는 물건, 거주하는 집, 일하는 강도 등에 따라 본인의 가치와 행복이 결정된다고 생각한다. 이건 정말 말도 안 되는 헛소리다.

다음과 같은 문제를 생각해보자.

- 어릴 때 당신이 넘어질 때마다 어머니가 과민반응을 보였다면, 지금 당신이 왜 사소한 일에도 과민반응을 보이거나 극적으로 행동하는지 알겠는가?
- 최고일 때만 칭찬받고 조금만 잘못해도 야단을 맞았다면, 본인의 완벽주의와 과잉 성취가 어디서 비롯되었는지 알겠는가?
- 검소한 가정에서 자랐고 부모님이 "돈은 나무에서 자라는 게 아니다"라고 말한 기억이 있다면, 당신의 돈 문제가 어디서 비롯된 건지 알겠는가?

어떻게 지금의 내가 되었는지 이해할 준비가 되었는가?

- 가족끼리 자주 싸우면서 극도의 긴장감과 수치심을 느꼈다면, 지금 평화롭고 평온한 상태를 누리기 힘들고, 자신을 형편없이 대하면서 가족과 똑같은 행동을 해서 익숙한 기분을 느끼게 하는 사람과 사귀는 이유를 알겠는가?
- "좋지 않은 감정도 잘 받아들여야 한다"는 좌우명이 있는 금욕적인 가정에서 자랐다면, 자신의 나약한 모습이나 감정을 자유롭고 편안하게 드러내는 게 왜 어려운지 알겠는가?

당신이 현재 지닌 신념은 외부에서 주입된 것이다. 문제는 그중 어떤 신념이 도움이 되고 어떤 신념이 발목을 잡는가이다.

실 습 과 제

이제 자아 발견을 시도할 때가 됐다. 이 책을 읽기 시작한 뒤 떠오른 생각을 모두 확인해보자. 자신의 성장 과정과 어린 시절을 떠올리면서 대답해보기 바란다.

- 어릴 때 어떤 일이 있었는가?
- 당신은 어떤 식으로 양육되었는가?

- 본인이 원하는 사람이 되지 못하도록 방해하는 건 무엇인가?
- 당신의 안경 렌즈에는 어떤 처방이 들어 있는가?
- 이 책을 선택하게 된 계기는 무엇인가?

지금까지 이야기한 내용과 이 질문을 듣고 떠오른 것을 전부 적어보자. 자기가 쓴 내용을 꼼꼼히 살펴보면 그 속에 자신의 발목을 잡는 믿음이 몇 가지 섞여 있는 게 보일 것이다.
이건 시작에 불과하다. 이 여정을 진행하는 동안 계속해서 더 많은 걸 발견하게 될 것이다.

내 말을 이해했다면, 당신은 어릴 때 무심코 만든 무의식적인 의미로 구성되어 있다는 걸 깨달았을 것이다. 하지만 그런 의미는 대부분 성인이 된 현재의 생활 속에서는 영향력을 잃는다. 진정한 성인이 된 당신은 어릴 때 타인의 믿음과 이상을 통해 주입된 생각에 전혀 동의하지 않을 수도 있다. 어머니가 믿었던 생각, 종교 지도자가 사실이라고 말했던 내용이 당신의 개인적인 진실과 일치하는 건 아니다.
그러므로 본인이 직접 선택해야 한다. 지금 이 삶은 당신의 삶,

바로 당신의 것이다. 그들 인생이 아니라 당신 인생이라는 얘기다.

　자신의 개인적인 삶의 경험 속에서는 믿고 싶지 않은 건 뭐든 믿을 필요가 없다. 본인의 진실하고 당당하고 가치 있는 자아와 일치하지 않는 보이지 않는 규칙은 준수할 필요가 없다.

　난 유대인이다. 어릴 때부터 유대인으로 자랐다. 하지만 크리스마스가 되면 집에 진짜 살아있는 전나무로 만든 근사한 트리를 세워둔다. 남들이 보면 그러면 안 된다고들 할 것이다. 일반적으로 유대인은 크리스마스트리를 만들지 않는다. 하지만 난 내가 기분 좋은 일을 하기로 규칙을 정했다. 밤에 가족이 다 잠든 뒤 어두운 집안에서 혼자 트리 불빛을 보면서 느끼는 기분은 내가 세상에서 가장 좋아하는 것 가운데 하나다. 신선하고 살아있는 프레이저 전나무의 향이 공기 중에 떠돈다. 이 글을 쓰는 동안에도 그때의 기분이 되살아나 눈물이 고일 정도다. 그건 내게 기쁨을 안겨준다.

　주변 사람들 중에 이런 행동을 탐탁지 않게 여기는 이들도 있지 않을까? 물론 있다. 내 선택을 비판하면서 자기 의견을 밀어붙이려는 이들도 있을까? 있다. 그게 신경 쓰이는가? 전혀 신경 쓰이지 않는다. 내 행동을 재고해야 할까? 그렇지 않다. 남이 뭐라고 하건 상관없기 때문이다. 남들을 무시하거나 냉담하게 굴거나 욕하려는 게 아니다. 그냥 나를 존중하고, 내가 좋아하는 것들을 바탕으로 개인적인 삶의 경험을 만들고, 인생에서 가장 중요한 건 바로 내 의견이라고 생각하는 것뿐이다. 나는 내 규칙에 따라 살고, 남들은 남들 규칙에 따라서 살면 된다.

우리의 본질, 행동, 신념, 생각, 감정, 행동, 습관 중에 영구적인 건 하나도 없다. 다시 한 번 큰 소리로 말하겠다.

우리의 본질, 행동, 신념, 생각, 감정, 행동, 습관 중에 영구적인 건 하나도 없다.

우리는 뭐든지 인식하고 전환하고 변화시킬 수 있다. 물론 이렇게 말해도 '난 원래 그런 사람인 걸, 뭐'라고 생각할지도 모른다. 하지만 스스로 원하는 게 아닌 이상 그건 결코 우리의 원래 모습이 아니다.

우리는 무한하고, 멋지고, 가치 있는 인간이며 뭐든지 선택할 수 있다.

우리의 과거는 미래를 예측하지 않는다. 지금까지 어떤 사람이었든 간에, 그것만 가지고 앞으로 어떤 사람이 될지 알 수는 없다. 인생을 경험하는 방식은 우리의 선택을 통해 언제든 바뀔 수

　　　　어떻게 지금의 내가 되었는지 이해할 준비가 되었는가?

있다.

이게 바로 우리가 함께 뛰어들게 될 여정이다.

속속들이 바뀌는 삶의 여정, 개인의 힘을 쌓아가는 여정, 선택의 여정, 한계 없는 무한함을 활성화하는 여정, 나만의 고유한 가치가 가득한 공간에서 살기 위한 여정이다.

우리 함께 소리 내어 말해보자.

나는 가치 있는 사람이다. 나는 괜찮은 사람이다. 나는 강한 사람이다. 나는 원하는 걸 선택할 수 있는 사람이다.

본인의
비합리적인 생각을
받아들일 의향이 있는가?

"모든 것이 남의 잘못이라고 여기면

심한 고통을 느끼게 된다.

모든 게 자신에게서 비롯되었다는 걸 깨달아야

평화와 기쁨을 얻을 수 있다."

– 달라이 라마

변명, 변명, 변명. 본인이 매일 얼마나 많은 변명을 하면서 사는지 아는가? 매일 머릿속에 얼마나 많은 변명거리가 스쳐 지나가는지 진지하게 생각해본 적이 있는가?

자기가 특정한 방식으로 행동하는 이유, 살면서 원하는 결과를 얻지 못하는 이유, 기분이 좋지 않은 이유를 얼마나 자주 정당화하고 합리화하는가? 주변에서 뭔가가 잘못되면 금세 본인이 아닌 다른 사람이나 대상을 탓한다는 걸 알아차린 적이 있는가?

"웹사이트를 만들 시간이 없어요. 너무 바쁘거든요. 그 일을 하려고 할 때마다 아이들이 질문을 퍼붓거나 빨리 확인해야 하는 이메일이 오거나 꼭 해야 할 일들이 연이어서 쏟아져 들어오곤 해요."

"가능하면 헬스클럽에 가려고 하는데 남편이 출장 중이라서요. 또 아이들 스케줄이 너무 바빠서 계속 이리저리 돌아다녀

본인의 비합리적인 생각을 받아들일 의향이 있는가?

야 하고요. 게다가 마음에 드는 헬스클럽은 너무 머네요."

"그 프로그램이 끝나면 날 도와줄 다른 코치를 고용해야 한다는 건 알지만 그럴 여유가 없어요. 돈이 없거든요."

"내 상사가 그렇게 멍청하지만 않았으면 나도 지금쯤 승진했을 거예요. 그는 날 좋아하지 않아요."

"스무 살만 젊었으면 학교도 다시 다니고 사업도 시작했을 거예요. 그런데 이젠 너무 나이가 들어서 어디서부터 어떻게 시작해야 할지 모르겠네요."

"오늘은 최악이었어요. 스트레스를 너무 많이 받았거든요. 교통체증도 심해서 짜증이 났어요."

"난 내 분야에서 존재감이 없어요. 지난번에 거래 제안을 했을 때도 아무도 받아들이지 않았죠. 그래서 자신감이 바닥을 쳤고 그 뒤로 회복하지 못하고 있어요."

자기가 왜 원하는 위치에 있지 못하는지 변명 목록은 끝없이 이어진다. 당신도 몇 초 안에 손쉽게 자기만의 목록을 만들 수 있을 것이다.

당신은 이 일의 대가다. 무력한 상태를 유지하고, 자기 잘못을 인정하지 않고, 온갖 핑계를 대고, 세상 무엇도 자기 잘못으로 인정하지 않는 능력이 매우 뛰어나다는 얘기다.

당신에게는 아무 문제도 없다. 어디가 잘못되거나 망가진 게 아니다.

우리는 개인의 책임을 이해하도록 교육받지 않았다.

결과를 받아들이는 방법을 평생 배우지 못했다. 우리는 자신의 기분, 존재, 대응 방식, 매일 하는 일에 책임을 져야 한다고 배우지 못했다.

지금까지는 그랬다.

'근본적인 개인적 책임'을 받아들이는 건 인생을 변화시키기 위한 핵심 요건 중 하나다.

크리스틴은 디지털 마케팅 회사를 운영하는 기업가로 하루하루 너무나도 바쁜 나날을 보내고 있었다. 그런 그녀가 번아웃 상태에 빠져 제대로 된 성과를 올리지 못해 괴로워하다가 내게 상담을 받으러 왔다. 크리스틴은 좌절감을 느꼈고 모든 게 불만족스러웠으며 자기가 사업을 운영하는 것 자체가 문제가 아닐까 하는 의구심을 품기 시작했다.

"당신은 어떤 식으로 자신을 돌보나요?" 내가 물었다.

"그럴 시간이 없어요. 종일 회사일로 뛰어다니다가 집에 들어오면 그 순간부터는 이제 아이들 뒤를 쫓아다니죠. 그러니 아침에 일어나는 순간부터 잠들 때까지 계속 일과 가족을 우선시하며 사는 셈이에요.”

크리스틴은 몇 차례 상담을 받으러 와서는 자신이 계획한 사업 목표에 대해 얘기하면서 활기찬 모습을 보였다. 그 일과 결과에 기대가 큰 듯 보였다. 그러나 이내 하기로 한 과제를 완료하지 못한 채 기운 빠진 모습으로 나타나게 되었다.

“시간이 없었어요.” 크리스틴은 이렇게 말하곤 했다. ”전 기술적인 부분에 능통하지도 못하고 방법을 알아볼 시간도 없었거든요. 먼저 회계사와 얘기를 해봐야 했는데 전화할 시간이 없었어요.”

변명 목록은 점점 우스꽝스러워졌고, 그런 패턴이 매주 반복된다는 걸 본인도 알아차렸다. 네 번째 상담을 받던 날, 크리스틴은 상당히 날 선 모습으로 사무실에 도착했다. 그녀의 날카로운 대답을 듣자 무슨 일이 일어나고 있는 건지 알고 싶었다.

“나 혼자만 동동거리며 사는 것 같아요. 사업을 키우려고 이렇게 갖은 고생을 다하는 것도 다 가족들을 위해서죠. 아이들 운전기사 노릇도 하고 있어요. 그런데 아이들은 함께 있는 동안 내게 한 마디도 하지 않아요. 남편이 자신의 하루 일과를 얘기할 때는 다 들어주고, 잠자리도 어떻게든 기운을 내서 하죠. 하지만 남편도 아이들도 내게 뭐가 필요하냐고 물어보지 않아요. 이런 생활은 이제 질렸다고요."

"자신을 최우선으로 생각하려면 뭐가 필요할까요?" 내가 물었다.

"괜찮아요. 사업가라는 게 다 그렇죠 뭐. 가족이 있는 이상 이런 좌절감과 압박감을 느끼는 건 당연한 일이죠. 원래 그런 법이잖아요."

"그거 헛소리인 거 알죠?"라고 말할 수는 없었다. 그래서 대신 이렇게 말했다. "그건 본인이 그렇게 선택했기 때문이에요. 자기가 모든 사람을 위한 모든 것이 되기로 선택해놓고는 이제 그 선택에 분개하고 있는 거예요."

크리스틴은 눈물을 흘렸다. 우는 건 좋은 일이다. 감정이 해방된다.

"맙소사, 내가 나한테 이런 짓을 하다니."

그게 우리가 맞닥뜨려야 하는 가혹한 현실이다. '근본적인 개인적 책임'을 받아들이는 건 쉽지 않은 일이지만 완전히 새로운 세계로 향하는 문을 열어준다. 크리스틴의 경우 이것은 자녀들의 기사 노릇을 그만두고 대안을 찾는 걸 의미했다. 이제 그녀는 매일 아침 일어난 직후의 30분을 자신을 위해 사용한다. 하루 일과를 계획하고 명상을 하면서 준비된 기분으로 아침을 시작한

본인의 비합리적인 생각을 받아들일 의향이 있는가?

다. 또 한 달에 두 번씩 친구들을 만나고 요가 수업도 받았는데, 저녁에 친구들과 즐거운 시간을 보내거나 운동을 하고 나면 좋은 아이디어가 떠오른다고 했다. 이런 아이디어에 영감을 받아 적절한 조치를 취한 덕에 그녀의 사업은 호황을 누리고 있다. 이제 새로운 에너지와 열정으로 가득 채워진 크리스틴은 남편과 보내는 시간을 귀찮아하지 않는다!

크리스틴은 본인이 원하는 삶을 사는 데 방해가 되는 유일한 존재는 자기 자신이라는 사실을 받아들였다.

스콧은 내가 자신의 부정적인 태도와 분노 문제를 해결하도록 도와줄 수 있는지 물어보려고 음성 메시지를 남겼다. 그의 어조로 보건대 그게 상당히 심각한 문제임을 짐작할 수 있었다. 하지만 메시지가 끝날 무렵 그의 목소리가 부드러워지면서 "제발, 이 문제를 극복할 수 있도록 도와주실 수 있나요?"라고 말하는 걸 듣고 나는 안도의 한숨을 쉬었다.

외부인의 관점에서 볼 때 스콧은 성공적인 삶을 살고 있었다. 그는 회사 임원이고 두 자녀의 양육권을 전처와 공유하고 있으며 새로 사귀는 사람과의 관계에도 만족했다. 그는 남들 앞에서는 분노를 잘 감췄기에 그게 일이나 가족에게 영향을 미치지 않았지만, 혼자 있을 때는 분노가 그를 어두운 곳으로 몰아갔다.

두 번째 상담을 받으러 온 스콧은 분노를 감추지 못하는 모습이었다. 그는 상담을 시작하기도 전에 이런 말을 내뱉었다. "그 여자가 정말 싫어요. 아주 나쁜 여자예요. 오늘 아침에도 그 여자 때문에 중요한 거래를 망쳤어요. 항상 나한테 그런 짓을 한다고요."

스콧은 한동안 호흡을 가다듬은 뒤에야 겨우 무슨 일이 일어났는지 말할 수 있을 만큼 진정되었다. 나는 아직 '그 여자'가 누구인지, '그 여자'가 무슨 짓을 했는지 모르는 상태였다.

"오늘 아침 출근 전에 전처가 전화를 했어요. 난 그때 프레젠테이션 준비 중이었는데 전처가 아이들과 관련해 폭탄 발언을 하더군요. 그 여자는 혼자서 모든 결정을 다 내리고 난 한마디도 못하게 해요. 그러니 화가 치밀 수밖에 없죠."

"폭탄 발언이란 게 뭐였나요?" 나는 그가 아이들과 함께 보내는 시간에 영향을 미칠 수 있는 이야기를 듣게 되리라고 예상하면서 물었다.

"아이들이 오늘 밤 친구 집에서 자고 온다는데, 난 그 친구가 누구인지도 모르고 걔 부모에 대해서도 아무것도 몰라요."

"아." 난 틀림없이 뭔가 더 많은 일이 얽혀 있을 거라고 확신하면서 물었다. "전처가 아이들을 돌볼 때 그렇게 한다는 건

본인의 비합리적인 생각을 받아들일 의향이 있는가?

가요, 아니면 당신이 돌볼 때 그렇게 한다는 건가요?”

그는 당연하다는 듯이 “그 사람이 돌볼 때요”라고 대답했다.

“자녀를 맡길 사람에 대한 전처의 판단을 믿나요?” 나는 혹시 이야기의 일부를 놓친 건 아닌가 의아해하며 물었다.

“물론이죠.” 이번에도 그는 당연하다는 듯 대답했다.

“당신은 그 일을 계속 신경 쓰면서 살 건지 아니면 모든 걸 통제하려는 노력을 포기할 건지 선택할 수 있어요. 자녀와 함께 있지 않을 때 그들에 대한 통제권을 포기하는 건 아이들과 함께 살지 않는 부모에게 꼭 필요한 일이에요. 자신의 부정성과 분노를 극복하고 싶다고 했죠. 통제권을 유지하려고 하면 당신이 원하는 모습에 가까워질까요, 아니면 멀어질까요?”

“내가 원하는 모습과 멀어지겠죠.” 그가 속삭였다.

“그렇다면 오늘 아침의 거래 실패에 대한 책임은 누가 져야 할까요?” 그가 지금 벌어진 일에 대해 생각할 준비가 되었는지 궁금해서 물었다.

그는 대답을 망설였다. “그래, 그래요, 무슨 말인지 알겠어요. 다 내 책임이죠.”

스콧은 그 사실을 받아들이기가 쉽지 않았다. 전처를 비난하면서 책임을 회피하는 게 훨씬 쉬웠지만 그건 그의 분노를 부추기는 결과만 낳았을 것이다.

그 자유와 깨달음의 순간에 스콧은 결정을 내렸다.

그때부터는 힘든 상황에 대처하는 방식에 대한 책임이 항상 자신에게 있다는 사실을 깨닫는 게 훨씬 쉬워졌다. 책임을 진다 responsible는 건 곧 대처할 능력이 있다response-able는 뜻이다. 스콧은 전처에게 전화를 걸어 책임의식에 대한 새로운 깨달음을 전했고 덕분에 둘의 공동양육 관계는 극적으로 개선되었다.

이런 새로운 인식을 통해 스콧은 본인을 자각하게 되었다. 그는 자신을 계속 주시하면서 어떤 상황에 대응하거나 반응을 보이기 전에 자기가 안고 있는 책임이 뭔지 확인하기로 했다.

단발성으로 끝나는 일은 없다. 성장과 변화를 이루려면 일관된 노력과 선택이 필요하다.

우리는 상황에 어떻게 대응할 것인지 직접 선택할 수 있다.

정말 굉장하지 않은가?

사실 우리가 꼼짝달싹 못하는 상황에 처하거나 피해의식에 사로잡히거나 무력해지는 이유는 이런 변명과 정당화, 핑계 때문이다. 자신의 무한한 잠재력에 접근하려면 이런 행동을 그만둬야 한다.

그리고 지금 여기서 100퍼센트의 책임감을 안고 시작해야 한다. 그게 바로 다른 모든 선택의 기초이자 기반이기 때문이다. 그

본인의 비합리적인 생각을 받아들일 의향이 있는가?

것은 자신의 힘을 주장하는 데 필요한 기반이다. 또 본인이 느끼고 싶은 대로 느끼고, 하고 싶은 일을 하고, 만들고 싶은 것을 만들고, 되고 싶은 사람이 되기 위한 기초이기도 하다.

- 운동을 꾸준히 하지 않는 이유는 헬스클럽이 너무 멀거나 자녀의 바쁜 일정 때문이 아니다. 본인이 운동에 시간을 쓰지 않기로 했기 때문이다.
- 사업을 시작하지 않는 이유는 경쟁이 너무 심해서 어디서부터 시작해야 할지 몰라서가 아니다. 자신의 힘을 두려움에 맡기고 그 두려움에 휘둘렸기 때문이다.
- 본인을 우선시하지 않는 이유는 시간이 부족하거나 다른 사람이 당신을 필요로 하기 때문이 아니다. 다른 사람을 본인보다 우선시하는 태도를 바꾸지 않기로 했기 때문이다.
- 진만 빠질 뿐 아무 기쁨도 주지 못하는 일을 계속하는 이유는 다른 선택의 여지가 없거나 취업시장이 암울하기 때문이 아니다. 미지의 상황에 대한 두려움에 굴복하고 자신을 믿지 못해, 현재 상태에 안주하기로 했기 때문이다.
- 당신이 진저리를 내는 이유는 멍청한 파트너나 친구가 화를 돋워서가 아니다. 당신이 그들의 태도를 감정적으로 받아들이기 때문이다.

이제 이걸 공식적으로 정리해보겠다.

세상 그 누구도, 그 어떤 것도, 당신이 어떤 감정을 느끼게 할 수는 없다.

그걸 허용하는 것은 본인의 선택이다. 자신에게 일어난 일과 들은 말을 자의적으로 해석한 뒤 거기 순응하는 쪽을 택한 것이다.

이걸 읽고 '그 말이 맞다'고 생각할 수도 있고, '말도 안 되는 헛소리'라고 생각할 수도 있다.

어떤 식으로 생각했든 계속 읽어보기 바란다. 그러면 개인적인 힘의 기초, 다시 말해 당신이 평생 원해온 모든 것에 이르는 길을 알려주겠다.

근본적인 개인적 책임

다음 세 개의 단어는 하나도 빠짐없이 다 중요하다. 하나의 선택, 하나의 인생 원칙이 지금 당장이라도 우리 삶을 송두리째 바꿀 수 있기 때문이다.

근본적인: 주변에 지대한 영향을 미치는, 철저하고 완전한, 총체적이고 포괄적이면서 모든 것을 총망라하는, 전면적이고 폭넓

은, 광범위하게 모든 것을 아우르는 것. 나는 그게 모든 걸 의미한다고 확신한다.

그야말로 모든 것 말이다. 그건 우리가 경험한 것과 경험하지 않은 것, 느낀 것과 느끼지 않은 것, 존재하는 것과 존재하지 않는 것, 한 일과 하지 않은 일 모두가 우리에게서 직접 비롯된다는 걸 의미한다.

개인적: 이건 완전한 소유권을 의미한다. 우리 세계와 삶, 일상에서 벌어지는 모든 일이 우리 내면의 무언가로 인해 존재하거나 존재하지 않는다는 뜻이다. 우리는 자신의 행동, 의견, 의미, 해석, 생각, 신념, 반응, 감정, 태도, 행동을 선택할 권리가 있다.

이는 우리 자신이 곧 문제이자 해결책이라는 뜻이다. 우리는 우리를 가로막는 유일한 존재, 유일한 장애물이자 장벽이다. 그렇다면 장벽을 해체하고 제거할 방법도 바로 우리 자신이다. 이건 정말 좋은 소식이다! 그 누구도, 아무것도 기다릴 필요가 없다. 우리가 바로 해결책이라니…… 게임은 아직 끝나지 않았다!

책임: 앞에서도 얘기했지만 이 단어를 잘 살펴보자. 책임 Responsibility은 곧 Response-ability, 그러니까 대응할 수 있다는 뜻이다. 우리는 상황에 대응할 수 있는 능력을 타고났다. 대응은

의식적인 선택이며 자기 힘으로 살아갈 때 일어나는 일이다. 의식적인 선택 없이 행동하는 것은 단순한 반응에 불과하다. 반응은 우리가 과거에 매여서 살아갈 때, 기본 설정값으로 살아갈 때, 의식적으로 선택하지 않을 때 일어난다.

이 말에 충격을 받는 건 매우 당연한 일이다. 충분히 이해한다. 지금은 '근본적인 개인적 책임'이 자기 삶에서 어떤 역할을 할 수 있을지 두렵고, 약간 짜증도 나고, 매우 궁금할 것이다.

하지만 충격이 가시면 살면서 느껴본 가장 큰 자유에 눈뜨게 될 것이다. 모든 것이 자신에게서 비롯된 자신의 책임이라는 걸 깨달으면서 생기는 자유 말이다. 그건 언제나 그랬고 앞으로도 항상 그럴 것이다.

당신은 문제이자 해결책이고, 장애물이자 해답이며, 고통이자 구원이다.

정말 대단하지 않은가. 그건 강력하고 경이롭고 아름답고 즐겁고 성공과 성취를 이룬 삶을 살아가기 위한 토대다.

온갖 이유와 정당화, 변명 같은 건 도움이 되지 않는다. 변명은 우리가 스스로에게 하는 거짓말, 내 잘못은 하나도 없으니 아무것도 책임을 질 필요가 없다는 거짓말이다. 만약 본인에게 잘못이 있다면 앞으로 나서서 해결해야 하기 때문이다. 행동을 취하

본인의 비합리적인 생각을 받아들일 의향이 있는가?

거나 본인이 정말 원하는 게 무엇인지 잘 살펴봐야 하는데, 우리는 그런 일에 익숙하지 않다. 우리 마음은 낯선 것을 좋아하지 않는다. 이 문제는 나중에 더 자세히 얘기하겠다.

내가 '근본적인 개인적 책임'을 많이 질수록 내담자들도 본인의 책임을 적극적으로 받아들이게 되었다. '근본적인 개인적 책임'을 지지 않는 사람은 진정한 삶을 산다고 할 수 없다.

내 경우, 책임을 100퍼센트 받아들이면서 얻은 가장 강력한 경험은 남들이 건드릴 수 없는 존재가 되었다는 것이다. 내가 느끼고 받아들이는 것, 선택하는 것, 날 드러내는 방식, 충만하고 활기차고 진정한 자신이 되는 것에 전적으로 책임을 지는 것이다! 나는 매일, 매 순간 그렇게 살아가고 있다. 모든 걸 내 선택으로 받아들인다는 얘기는 변명을 절대 하지 않는다는 것인데, 당신도 그렇게 해야만 한다.

체력을 최상의 상태로 유지하지 못하는 건 너무 바쁘거나 시간이 없어서가 아니다. 체력 유지를 우선순위로 삼지 않았기 때문이다.

새로운 아이디어나 프로그램을 시작하는 데 어려움을 겪는 건 방법을 몰라서가 아니다. 필요한 일은 하지 않은 채 그에 대한 핑계를 꾸며내는 데만 모든 힘을 쏟았기 때문이다.

아이들에게 짜증을 내는 건 우리 아이가 문제라서가 아니다.

잠시 멈춰서 숨을 고른 다음 차분하게 대응하지 않고 그냥 본능적으로 반응하기 때문이다.

내가 남편에게 자꾸 화가 나고 관계가 단절된 기분이 드는 건 남편이 멍청해서가 아니다. 그의 놀라운 장점은 보지 않은 채 내 신경을 건드리는 한 가지 문제에만 집중하기 때문이다.

무슨 말인지 이해가 가는가? 이걸 깨닫는 게 무엇보다 중요하다. '근본적인 개인적 책임'을 받아들이면 힘을 얻게 된다. 우리는 선택권을 받아들이고 자유를 택해야 한다.

'근본적인 개인적 책임'을 받아들이지 않으면 외부세계에서 일어나는 일에 영향을 받게 된다. 우리의 행복감과 자존감은 가장 최근에 일어난 일이 무엇이냐에 따라 좌우된다. 우리는 주변 상황의 제물이다. 따라서 최근 자신에게 일어난 좋은 일이나 나쁜 일에 전적으로 의존하게 된다. 우리는 '내가 한 일'보다 '내게 벌어진 일'을 기반으로 살아가고 있는데, 이 약간의 차이로 인해 모든 게 달라진다.

'근본적인 개인적 책임'을 받아들이는 것은 우리가 누릴 수 있는 가장 높은 수준의 자유다.

자율권

　상담을 하면서 가장 많이 듣는 말 중 하나가 자신에게 모든 걸 결정할 권한이 있다고 느끼거나 실제로 그런 자율적인 권한이 있는 삶을 살고 싶다는 것이다. 우리는 더 강하고 자신 있게 살면서 그에 따르는 자유와 힘, 용기를 느끼고 싶어 한다.

　'근본적인 개인적 책임'은 자율권의 진정한 기반이다. 이런 기반이 존재하는 삶을 살아야 권한을 얻을 수 있다.

　잠시 시간을 내서 권한 부여란 무엇인지 명확하게 살펴보자. 나는 상담 일을 하면서 권한 부여에 대해 새로운 정의를 내리게 되었다.

　그것은 자신에게 도움이 되는 것들과 일치된 삶을 살기 위해 본인이 선택한 힘을 꾸준히, 의식적으로 이용하는 것이다.

　정말 멋지지 않은가? 자율권을 얻으려면 주변을 의식적으로 자각하면서 모든 게 자신의 선택 능력에 달려 있다는 사실을 인정해야 한다. 그리고 이런 선택을 하는 방식은 본인에게 도움이 되는 방향과 일치해야 한다. 자기가 어떤 기분을 느끼고 싶고, 어떤 사람이 되고 싶고, 무엇을 하고 싶고 만들고 싶은지 알면 곧바로 그쪽으로 향하는 길을 선택할 수 있다.

　자율권이 생긴다고 해서 자기 멋대로 살 수 있는 건 아니다. 자율권은 목적지가 아니다. 어느 날 갑자기 권한이 생기고 그걸로 모든 게 정해져서 그 힘이 영원히 유지되는 게 아니다. 그건 하나의 여정이다. 순간순간, 매일 같이 계속 선택해나가는 삶의 방식이다. 정말 멋지지 않은가.

그리고 우리의 가장 소중한 벗인 '근본적인 개인적 책임'이 없으면 자율권도 얻을 수 없다. 삶을 변화시키려면 자기 자신이 모든 경험의 근원이라는 걸 알아야 한다. 이 사실을 알고 있어야 힘의 원천이 생기며, 외부의 힘이 낡은 패턴을 촉발하도록 내버려 둬서는 안 된다.

이 모든 것의 효력을 발생시키는 또 하나의 단어가 '선택'이다.

선택권은 무엇보다 중요하다. 우리 선택권에 직접적으로 영향을 받지 않는 것은 없다. 이 여정을 계속하는 동안 본인이 하게 될 수많은 놀라운 선택과 그것이 삶의 모든 경험, 모든 감정과 행동, 모든 좌절, 기타 모든 것을 만들어내는 것에 경탄하게 될 것이다. 우리가 참고 견디는 것도 선택이고 받아들이는 것도 선택이다.

제대로 읽은 것 맞다. 무엇을 참고 허용할지도 본인이 선택하는 것이다. 단지 좀 더 정중하고 너무 노골적이지 않은 방식으로 선택하는 것뿐이다.

허용이란 누군가에게 어떤 일을 할 수 있는 권한을 부여하는

본인의 비합리적인 생각을 받아들일 의향이 있는가?

것이다.

관용이란 어떤 존재를 허용하거나 받아들이거나 견디는 것을 뜻한다. 이 말의 의미 안에 '허용'이라는 단어가 포함되어 있는 걸 보면 이들은 분명히 같은 클럽에 속해 있다.

이런 단어를 써서 자기 책임을 회피하고 본인이 그런 선택을 했다는 사실을 외면하기는 쉽다. 하지만 철없는 소리 하지 말자. 아무리 피해봤자 책임은 여전히 그대로다.

'근본적인 개인적 책임'을 선택하는 것은 피해자가 자기 권한을 주장하는 사람으로, 비난에서 책임 의식으로, 갇힌 상태에서 자유로운 상태로 스위치를 바꾸는 것과 같다. 하아…… 기분이 정말 좋다!

그리고 난 당신에게 선택권 선택을 요청하는 초대권을 제시하고 있다는 걸 알아야 한다. 이 선택을 하지 않으면 앞으로 나아갈 수 없다. 현재의 위치에 계속 머물면서 지금 하는 일을 하고, 지금과 같은 기분을 느끼고, 지금의 경험을 반복하게 될 것이다.

실 습 과 제

~~

잠시 읽는 걸 멈추고 자신에게 물어보자.

- 매일 행복과 감사를 느끼면서 잠에서 깨는가? 정말 기쁘고 감사한 마음이 드는가?
- 내 삶의 모든 영역에 1부터 10까지 점수를 매긴다면(정말 근사한 상태=10점) 점수가 어떻게 나올까?
  - 나 자신과의 관계
  - 건강과 웰빙
  - 연애
  - 가족
  - 사업/경력
  - 돈
  - 재미와 즐거움
- 하루에 몇 시간을 불안하고 부정적이고 '영 좋지 못한' 기분으로 보내는가?

난 당신이 더 많은 걸 누리기를 바란다. 당신도 그럴 것이다. 당신은 놀랍고 가치 있는 사람이며 상상할 수 있는 가장 매력적이고 만족스럽고 충만하고 영광스럽고 기쁨으로 가득한 삶을 살 자격이 있다. 당신은 자격이 충분하다. 지금은 이 말에 거부감이 느껴지더라도 이 책을 다 읽을 즈음에는 생각이 달라질 것이다.

본인의 비합리적인 생각을 받아들일 의향이 있는가?

우리는 자신이 상상하는 모든 것, 원하는 모든 것, 갈망하는 모든 것, 상상하는 모든 것을 받을 자격이 있기 때문이다. 우리는 충분히 괜찮은 사람이니까 그럴 자격이 있다. 우리는 중요한 존재다. 우리는 인간이다. 그것 말고 또 무슨 이유가 필요하겠는가.

스트레스, 갈등, 저항

'근본적인 개인적 책임'의 가장 놀라운 이점 하나는 스트레스나 갈등, 저항이 생겼을 때 확인할 수 있다. 우리는 사는 동안 꾸준히 스트레스와 갈등, 저항을 경험한다. 그건 모두 인간이 하는 경험의 일부다. 지금까지는 그것이 발휘하는 힘에 영향을 미치거나 바꾸기 위해 할 수 있는 일이 거의 없다고 생각했을 것이다.

스트레스. 스트레스. 스트레스는 침묵의 살인자다. 스트레스 반응은 심박수를 높이고 압박감을 느끼게 하며 몸 전체에 계속 코르티솔을 방출하고 정신과 영혼을 정체시키며 신체적인 질병까지 유발한다.

마음은 몸과 연결되어 있으므로 스트레스가 심하거나 부정적인 생각을 하면 스트레스 반응이 유발되어 만성적인 스트레스

속에서 살게 된다. 우리 뇌는 실제 상황과 혼자서 한 생각을 구분하지 못하므로 부정적인 생각을 하기만 해도 몸에서 계속 코르티솔이 분비된다. 혼자 상상한 위협이든 실제 위협이든 우리 뇌는 그걸 똑같이 위협으로 받아들인다. 따라서 계속 스트레스가 심한 생각에 시달리면 우리 몸은 휴식을 취하거나 항상성을 유지하지 못한다. 그러다 보면 결국 쉽게 병에 걸리고 면역력이 저하되는 내부 환경이 조성되고 이것이 혈류에 영향을 미쳐 질병을 일으킨다. 이렇듯 몸 상태가 안 좋으면 금세 화를 내거나 신경질적으로 반응하게 된다.

평소 우리 영혼에 잠재되어 있으면서 몸에 영향을 미치는 다른 중요한 요소들도 있다. 단절감을 느끼거나, 분노를 품고 있거나, 감정을 억누르거나, 남을 용서하지 못하면 커다란 응어리가 생긴다. 그런 감정을 해소시킬 방법이 없으면 부정적인 기운이 몸속에 쌓인다. 다들 동의하겠지만 그런 환경은 우리가 번성할 수 있는 건강한 환경이 아니다.

물론 스트레스가 전부 나쁜 건 아니며, 특히 단기적인 급성 스트레스 분출이 도움이 되는 순간도 있다. 위기에 처한 아이를 구하려고 괴력을 발휘해서 차를 번쩍 들어 올리는 엄마들의 경우처럼 말이다. 단기적인 스트레스는 집중력과 예리한 정신력을 발휘하도록 도와주고 신체 활동에도 도움이 된다. 문제는 장기

본인의 비합리적인 생각을 받아들일 의향이 있는가?

간에 걸쳐 만성 스트레스를 겪으며 사는 이들이 너무 많다는 것이다. 그렇게 오랫동안 스트레스를 받으면서 살면 스트레스 없는 삶이 어떤 기분인지 잊어버릴 수도 있다.

10년 동안 계속 낡은 매트리스에서 자다가 어느 날 새 매트리스에서 잠을 잔 적이 있는가? 새 매트리스에서 처음 잠을 자고 일어나면 그동안 얼마나 거지같은 침대에서 잤던 건지 깨닫고 깜짝 놀라게 된다. 이제 스트레스라는 형편없는 매트리스에서 벗어나야 한다. 자신의 스트레스 수준을 책임지면서 본인의 몸과 마음, 영혼을 존중해야 한다. 스트레스는 저절로 생기는 게 아니다. 자신의 스트레스는 스스로 책임져야 한다.

갈등. 갈등이 전부 나쁜 건 아니다. 우리는 갈등을 분노, 부정적인 태도, 다른 이들과 잘 지내지 못하는 상황과 연관시키곤 한다. 하지만 사실 갈등은 두 명 이상의 사람이 서로 다른 의견을 가지고 있음을 뜻한다.

우리는 의견 불일치라는 개념을 상당히 무시무시한 것으로 여기지만 전혀 그렇지 않다. 같은 영화를 보고 나온 사람들도 방금 본 영화에 대한 의견이 똑같지는 않다. 자아가 주도하는 대화가 아닌 마음이 주도하는 대화를 나누지 못하게 방해하는 건 무엇일까? 다른 사람의 의견을 비판 없이 경청하지 못하게 하거나,

때로는 반대 의견에 동의하는 것만이 유일한 해결책이라는 사실을 받아들이지 못하도록 방해하는 건 무엇일까?

갈등을 부정적인 것으로 인식하면 의견 차이가 발생하는 순간 바로 좋지 못한 상황에 처하게 된다. 이는 사람들의 관계를 지옥에 빠뜨릴 수 있다. '근본적인 개인적 책임'에 기반한 삶을 살면 갈등을 건설적인 것으로 여길 수 있다. 본인 책임을 인정하고 자기 생각만 옳다고 주장하는 게 아니라 본인과 상대방의 의견에 모두 귀를 기울이면 서로 마음이 연결된다. 자신이 겪는 갈등을 진정으로 책임지면 완전히 새로운 수준의 의사소통과 연결이 이루어진다.

저항. 저항은 무언가를 받아들이지 않거나 막으려는 시도다. 특정한 결과를 원하지 않으면 그것에 저항하거나 밀어낼 수 있다. 이런 태도는 '근본적인 개인적 책임'과 반대되는 결과를 낳는다.

어떤 것에 강하게 저항할수록 저항하는 대상이 더 오래 지속될 것이다.

두려움을 느끼는 걸 거부하면 두려움은 갈수록 커질 것이다. 감정에 저항하거나 밀어내면 그 감정이 점점 커져서 심각한 문제가 된다. 문제에 대한 책임을 100퍼센트 지지 않겠다고 거부하면 지금 겪고 있는 문제가 갈수록 까다롭고 광범위해진다.

본인의 비합리적인 생각을 받아들일 의향이 있는가?

기본적으로 책임을 지지 않는다는 건 그 상황에 저항한다는 얘기다. '근본적인 개인적 책임'을 인정하지 않는 사람의 삶에서는 스트레스와 갈등, 저항이 계속 사라지지 않는다.

페니는 오랫동안 불안과 만성 스트레스에 시달렸다. 페니는 자신의 삶을 즐기기 위해 약물 치료부터 상담까지 온갖 방법을 다 시도했다. 우리가 상담을 시작했을 때 가장 먼저 해결하고자 한 문제는 페니와 불안과의 관계였다. 페니는 자기가 불안을 외부에 존재하는 것이라고 여기고 있다는 걸 깨달았다. 그녀는 불안감이 자신에게 발생한 일이라고 믿었다.

그 믿음이 극심한 저항을 일으킨 탓에 불안감이 점점 커졌고 만성 스트레스 수준도 증가했다.

페니는 '근본적인 개인적 책임'을 지기로 했다. 불안한 마음을 밀어내지 않고 끌어당겨서 감싸 안았다. 그걸 받아들이고 인정했다(묵인한 건 아니고 그냥 존재를 인정한 것이다). 이렇게 함으로써 불안감에 대한 저항을 떨쳐내고 다른 선택을 할 수 있게 되었다. 불안감을 인정한 결과 스스로 치유를 시작하게 된 것이다.

페니가 회사 컨퍼런스에 참가해 프레젠테이션을 하게 되었을 때가 생각난다. 예전 같으면 이런 상황에서 아무것도 못하고 굳어버리거나 신경안정제를 평소보다 많이 복용해야 했을 것이다. 하지만 이제 페니는 불안감을 받아들이고, 좋아하고, 진정시킬 수 있게 되었다. '근본적인 개인적 책임'을 받아들이고 의식적으로 숨을 고르면서 속으로 계속 '나는 부족함이 없는 사람이다. 나는 불안한 마음을 충분히 처리할 수 있고 불안감을 좋아한다'라고 되뇌었다. 페니는 동료들 앞에서 자신감 넘치는 모습으로 프레젠테이션을 진행했다! 이건 페니가 그 일에 책임을 졌기에 가능한 일이다. 우리도 이렇게 하면 자신이 '사물이나 문제, 질병'에 얼마나 많은 영향력을 미칠 수 있는지 알게 된다. 자신의 힘을 확인하고 그 힘을 발휘하기로 결심하면 세상 누구보다 강하다는 걸 깨닫게 될 것이다.

나도 저항 때문에 비슷한 경험을 한 적이 있다. 변화에 대한 저항감과 두려움 때문에 꼼짝달싹 못하는 처지가 되었다. (두려움은 중요한 문제이므로 나중에 섹션 하나를 통째로 할애해서 다시 얘기하겠다.) 예전에는 두려움 때문에 무력감에 빠지곤 했다. 미지의 것에 대한 두려움, 성공에 대한 두려움, 실패에 대한 두려움, 괜찮은 사람이 되어야 한다는 두려움 같은 것 말이다. 난 모든 걸 두려워했다. 하지만 이제 더 이상 그런 두려움을 느끼지 않게 되었기에 이 글을 쓰면서도 계속 웃음이 난다. 이건 '근본적인 개인

본인의 비합리적인 생각을 받아들일 의향이 있는가?

적 책임'을 다했을 때 따라오는 자유다!

어쨌든 다시 본론으로 돌아가자. 편하고 안락한 직장생활을 포기하고 험난한 사업의 세계로 뛰어들기까지 2년 이상 걸렸다. 그게 두려움 때문이었다는 걸 나중에야 깨달았다. 나는 실패를 두려워하고, 미지의 것을 두려워하고, 거절을 두려워하고, 심지어 성공도 두려워했다. 그게 문제였다. 그래서 두려움을 이겨내기 위해 그 감정을 인정하는 것부터 시작했다. 두려움에 저항하는 걸 멈춘 것이다. 그 과정의 첫 시작은 '선택'이었다.

두려움 때문에 내 힘과 잠재력을 포기하지 않기로 결심했다. 당시에는 두려움을 내 반대편에, 나의 외부에 도사리고 있는 짐승 같은 존재라고 여겼다. 두려움이 테이블 건너편에 앉아 자기 힘에 맞서보라고 도발하는 게 보였다. 그래서 '근본적인 개인적 책임'을 받아들이기로 하고 두려움을 인정했다. 그러자 금세 모든 게 바뀌었다. 두려움이 내뿜던 힘이 사라지고 이제 그 힘은 내 것이 되었다.

문제를 온전히 자기 것으로 받아들이면 그 순간부터 다른 선택을 할 수 있다. 책임감이 확대되고, 개인적인 힘을 발휘해 저항을 떨쳐버리고 스스로 선택할 수 있는 위치에 서게 된다. 이런 식으로 두려움을 자기 쪽으로 끌어와서 이겨내야 한다.

본인이 저항할 때의 기분이나 그런 저항감을 느끼는 상황을 떠올려보자. 두려움이 테이블 건너편에 앉아 있는 모습을 상상하자. 이제 손을 뻗어 두려움을 자기 쪽으로 끌어와 무릎 위에 올려놓는다. 이렇게 함께 앉아 있으면 별로 무섭게 느껴지지 않을 것이다. 두려움에 말을 걸면서 "난 너를 보고 있고 느끼고 있어. 너를 사랑해"라고 말해보자. 이제 기분이 어떤가? 이런 몇 가지 사소한 선택을 통해 자신의 힘을 되찾을 수 있다. 간단하지만 매우 효과적이다!

'근본적인 개인적 책임'을 통해 힘을 되찾고 매일 자율적인 권한을 발휘하면서 살아갈 수 있다. 이것이 누구도 건드릴 수 없는 존재가 되기 위한 길이다.

건드릴 수 없는 존재가 된다는 게 무슨 말일까? 이는 외부의 어떤 상황이나 사건에도 영향을 받지 않는다는 얘기다. 자신의 에너지를 남에게 넘겨주지 않고, 쉽고 편안하게 목소리를 낸다. 세상에서 가장 중요한 의견은 내 의견이다. 다른 사람들의 대응이나 반응에 책임을 질 필요가 없다. 자기 생각을 전부 믿지 말고

본인의 비합리적인 생각을 받아들일 의향이 있는가?

본인이 한 일을 책임지자. 자신의 길을 유지하면서 자기 자신을 가장 사랑하자.

이제 때가 되었는가? 외부의 모든 것과 모든 사람에게 힘을 퍼주는 걸 멈출 준비가 되었는가? 남이 건드릴 수 없는 사람이 될 준비가 되었는가?

근본적인 개인적 책임을 지는 방법

인생의 모든 일이 그러하듯이 이것도 선택에서부터 시작된다. 이제 자기 책임을 인정하고 '근본적인 개인적 책임'에 기반한 삶을 살기 위해 의식적인 선택을 해야 한다.

실 습 과 제

- 자신의 변명과 개인적인 헛소리를 드러낼 준비가 되었는가?
  - 종이를 한 장 준비해서 가운데에 세로로 선을 긋는다.
  - 오른쪽에는 원하는 것을 전부 적는다. 하나도 빼놓지

말고 전부. 이 작업을 하면서 자기 삶의 다양한 영역을
생각해보자.

- 그런 다음 왼쪽에는 현재 원하는 바를 이루지 못한 이
유 또는 그걸 이루기 위한 행동을 취하지 않는 이유를
전부 적는다.

- 그러면 다음과 같은 모습이 될 것이다.

원하는 것을 이루지 못한 이유:

- 방법을 모르겠다. 클라이언트를 찾기가 힘들다. 나와 같은 일을 하는
사람들이 너무 많다.

- 항상 시간이 부족하다. 너무 바쁘다. 금세 짜증을 내거나 분노를 터
뜨린다.

- 하루 일과가 끝나면 기운이 하나도 없어서 그냥 자고만 싶다.

- 돈 벌기가 쉽지 않다. 돈 얘기는 하기도 싫다.

- 시간도 없고 돈도 없다.

- 아이들 일정이 빡빡하다. 일이 끝나면 아이들을 여기저기 태워다 줘
야 하고, 그런 다음에는 저녁을 먹이고 재워야 한다. 하루 24시간이
늘 부족하다.

본인의 비합리적인 생각을 받아들일 의향이 있는가?

내가 원하는 것:

- 고객 늘리기.

- 차분하게 행동하고 아이들과 더 많은 시간 보내기.

- 남편과의 잠자리 횟수 늘리기.

- 수입 늘리기.

- 여행!

- 헬스클럽에 가서 체력을 키우고 체중 10킬로그램 줄이기.

- 최고의 삶을 살기 위해 '근본적인 개인적 책임'을 받아
  들여야 하는 부분이 어디인지 알겠는가?

• 나중에 언어의 힘에 관한 흥미진진한 대화를 나누게 될 것
  이다. 하지만 여기서 우선 '근본적인 개인적 책임'을 받아들
  이기로 할 때 엄청난 도움이 될 강력한 단어 전환에 대해 알
  려주고 싶다.

- "못한다"를 "하지 않을 것이다"로 바꿔보자. 작은 변
  화처럼 느껴지겠지만 인생이 달라질 것이다.

- "못한다"라는 표현을 쓰면 무력한 상태가 유지된다.
  그 일이 불가능하다고 여기면서 처리해야 할 다음 일
  로 넘어가게 된다.

- "하지 않을 것이다"라는 표현을 쓰면 머릿속에 자연

스럽게 왜 하지 않는가, 라는 의문이 떠오른다. 그러면 거기서부터 자동적으로 새로운 사건들이 시작된다.

- "오늘 저녁에는 헬스클럽에 못 가"라고 말하지 말고 "오늘 저녁에는 헬스클럽에 안 갈 거야"라고 말해보자. 그러면 왜 헬스클럽에 가지 않는 건지 궁금해질 것이다.

- 이 방법을 한번 시도해보면 실제로 자신을 가로막는 게 무엇인지 깨닫고 충격을 받을 것이다.

• 배우자와의 다툼, 자녀에게 느끼는 좌절감, 사업에 필요한 조치를 취하지 않는 것, 자신을 우선시하지 않는 태도 등 살면서 무슨 일이 생길 때면 외부에서 잘못된 부분이나 비난할 대상을 찾으려고 하지 말고 자기 내면을 들여다보면서 책임을 져야 한다.

- '내 안에서 무슨 일이 일어나고 있기에 이런 상황을 겪게 된 걸까?' 자문해보자.

- '어떤 새로운 선택을 해야 내가 원하는 것에 더 가까워질 수 있을까?' 자문해보자.

'근본적인 개인적 책임'을 받아들이는 것은 자유로운 삶에 동의

본인의 비합리적인 생각을 받아들일 의향이 있는가?

하는 것이며 온전히 자신의 선택권에 기초한 삶을 살겠다고 동의하는 것이다. 그리고 자기 자신을 긍정하는 것이다.

우리 함께 '가치 있는 인간 만트라'를 되뇌어보자.

나는 가치 있는 사람이다. 나는 괜찮은 사람이다. 나는 강한 사람이다. 나는 원하는 걸 선택할 수 있다.

정신을 똑바로 차리고
자신을 관찰할
준비가 되었는가?

"문제를 일으킨 의식과 동일한 수준의 의식으로는
그 문제를 해결할 수 없다."

– 알베르트 아인슈타인

우리 주변에서는 정말 많은 일이 일어나고 있다. 숨 쉴 시간도 없을 정도로 끊임없이 사건이 벌어지기 때문에 우리 감각은 하루 24시간 내내 정보의 폭격을 받는다.

　미디어, 파트너, 가족, 친구, 동료 등 사방에서 쏟아져 들어온 정보가 계속 주변을 맴돌기 때문에 결국 정보를 받아들일 수밖에 없다.

　도망갈 방법은 없으며 어떤 정보에든 즉시 접근할 수 있다. 그래서 현대인이 경험하는 기술 발전은 유익하기도 하고 해롭기도 하다.

　대륙 반대편에 사는 친한 친구와 화상채팅을 하고, 8시간 떨어진 곳에 사는 조카가 자라는 모습을 놓치지 않고 지켜볼 수 있다는 점에서 기술 발달은 매우 유용하다. 13개 나라에 흩어져 있는 99명과 동시에 온라인 회의를 진행할 수도 있다. 운동화나 식료품을 주문한 뒤 원하는 시간에 배송 받을 수 있다. 자동주차가 가능한 자동차를 구입할 수 있다. 버튼 클릭 몇 번으로 온라인 사업을 시작하고 회사 사명과 메시지를 수백만 명에게 공유할 수 있다. 낯선 사람과 대화를 나눌 수도 있고, 최신 블록버스터 영화에 나온 인기 배우 이름이 기억나지 않을 경우 스마트폰을 통해 금세 답을 얻을 수 있다. 이건 우리가 이용할 수 있는 기술 문명의 극히 일부분이며 귀여운 아기와 동물이 등장하는 동영상 얘기는 아직 꺼내지도 않았다.

기술 발달이 해로운 이유는 한시도 멈추지 않기 때문이다. 결코 멈추는 법이 없다. 사람들은 모두 정보에 중독되었고 끝없는 자극은 감당하기에 너무 벅찰 정도다. 현대인은 다른 사람들과 보내는 시간보다 고개를 숙이고 이 작은 화면에 정신이 팔린 채로 보내는 시간이 더 많다. 우리는 존재하지 않는 세계에서 길을 잃었다. 그곳은 완벽한 사진과 완벽한 인생이 존재하는 세계인데 우리는 자기가 비교하는 대상과 같은 삶을 살지 못한다. 그리고 '단순하게 존재하는' 능력을 잃어가고 있다. 타인과 연결을 맺고자 하는 욕구가 거짓으로 충족되는 바람에 그 어느 때보다 심한 단절을 겪고 있다. 그 결과 더 이상 본인의 창의성과 상상력, 혹은 현실세계의 자신과 조화를 이루지 못한다.

이렇게 끊임없이 정보에 접근할 수 있는 상황과 주문형 문화 때문에 의도적으로 하던 일을 멈추고 고개를 들어 주위를 둘러

보면서 현재의 위치를 제대로 인식하는 게 그 어느 때보다 중요해졌다.

때로는 체크리스트를 손에 쥔 좀비처럼 사는 듯한 기분이 들 수도 있다. 상황을 전혀 인식하지 못한 채 그냥 이런저런 행동만 하는 것이다.

하지만 우리는 그 이상의 삶을 살 자격이 있다. 우리 모두가 말이다.

아만다는 매일 아침 일어나자마자 몸을 굴려 휴대폰에 손을 뻗는다. SNS에 올라온 친구들의 완벽해 보이는 삶을 확인하고, 우리는 있는 그대로 완벽하다는 수많은 명언을 읽으면서 난 완벽과 거리가 멀다고 느끼고, 최신 뉴스를 읽으면서 세상의 온갖 문제를 침대 머리맡으로 끌어들인다. 그러다 보면 어느새 아이들이 일어나 집 안을 뛰어다니고 있는데, 그날의 우울한 뉴스와 이웃이 올린 완벽한 휴가 사진 때문에 불쾌해진 아만다는 아이들에게 학교 갈 준비를 하라고 소리를 지른다. 평소처럼 집에서 늦게 출발한 아만다는 교통정체에 갇혀 다른 운전자들에게 삿대질을 하거나 사무실에 도착하기도 전에 비서에게 날카로운 말을 퍼붓는다.

아만다는 하던 일을 멈추고 자신을 돌아본 적이 한 번도 없

정신을 똑바로 차리고 자신을 관찰할 준비가 되었는가?

었다. 그녀는 자기 습관의 희생자가 되었다. 본인의 아침 일과가 어떤지 깨닫고서야 비로소 지금까지 정말 무지했다는 걸 알게 됐다. 이제 아만다는 자신에게 도움이 되는 방식으로 하루를 시작하기 위해 지금까지와 다른 선택을 해야 한다.

당신에게 여유로운 공간을 만들라고 강요하는 사람은 아무도 없다. 당신의 집 문을 두드리면서 이제 전자장비를 끄고 외부의 자극에서 벗어나 자기 삶을 제대로 느끼라고 강요하는 사람도 없다. 하던 일을 멈추고 심호흡을 하면서 의식을 고조시키라고 유도하는 사람도 없다. 그렇게 할 수 있는 사람은 당신 자신뿐이다.

상황을 자각하지 못하거나 의식을 고조시키지 않으면 변화는 불가능하다. 본인이 인식하지 못하는 걸 변화시킬 수는 없는데 이런 인식은 속도를 늦추고, 공간을 만들고, 자신과 주변 세계를 관찰해야만 가능하다.

자각이란 무엇인가?

자각은 우리가 발전하는 동안 계속 연구하고 검토하는 대상이다. 그러나 여기서 말하는 자각은 우리 자신과 주변 환경에 대한 인식의 질 또는 상태를 의미한다.

본인이 원하는 감정과 행동방식을 새롭게 선택하려면 먼저 현재 상태를 자각해야 한다.

실습 과제

지금부터 4가지 질문을 던질 텐데 잠시 본인의 답변을 숙고해보기 바란다. 지금 자기 삶에서 벌어지고 있는 일들을 인식할 시간과 공간을 마련해야만 그걸 대신할 새로운 길을 선택할 수 있다.

1. 오늘 아침 일어났을 때의 기분이 어땠는지 설명해보자. 새로운 하루를 맞이하는 게 신났는가? 걱정스러웠는가? 아무 관심도 없었는가?

2. 뭔가 조치를 취하고 싶은데 아직 시도하지 못한 일은 무엇인가? 그 이유는 무엇인가?

3. 마지막으로 먹은 음식은 무엇이고, 몸에 연료를 공급하려고 그 음식을 선택한 이유는 무엇인가?

4. 지금 어디에 있는가? 주위를 둘러보면서 주변 환경을 찬찬

정신을 똑바로 차리고 자신을 관찰할 준비가 되었는가?

히 살펴보자. 그 공간이 어떤 느낌을 주는가?

이 실습은 하루 종일 할 수도 있다. 본인 몸에 대해서 잘 알아야 한다. 몸의 같은 부분이 계속 긴장된 상태로 있다면 그 부분을 꼼꼼히 살펴서 건강을 증진시킬 조치를 취하자. 우리의 목표는 자신의 모든 측면에 대한 인식을 높이는 것이다.

인식은 성장을 위한 필수조건이다. 이 한마디로 모든 게 정리된다.

삶의 모든 측면을 인식하지 못하는 사람은 자동조종장치로 움직이는 좀비 같은 존재다. 정말 안타까운 점은 정작 본인은 그 사실을 깨닫지도 못한다는 것이다.

켈리는 처음 상담을 받으러 왔을 때 여러 가지 일을 겪고 있었다. 위험할 정도로 에너지가 부족한 탓에 참을성이 없고 본인이 통제하지 못하는 반응을 보였다. 켈리는 자기 행동에 죄책감을 느끼고 자책했기 때문에 악순환이 점점 심해졌다. 세 아이의 엄마이자 저명한 외과의사의 아내이자 사업가이자 도움이 필요한 모든 사람의 친구인 그녀는 계속 고갈되는 에너지를 쏟아야 하는 곳이 많았다.

켈리는 '좀비 체크리스트'를 의인화한 것 같은 사람으로, 날이면 날마다 무기력하게 기계적으로 움직였다. 일상적인 주기에 너무 익숙해진 나머지 자신의 분노를 유발하는 인자를 알아보지 못했고, 그 징후를 인식하기도 전에 화부터 냈다.

"나는 나쁜 엄마예요. 아이들에게 소리를 지르고, 남편이 나와 더 많은 시간을 보내지 않아서 짜증이 나요. 하지만 결혼을 하고 나서야 그 사실을 알았어요."

켈리는 자신이 본인의 가치관과 일치하지 않는 방식으로 행동하는 이유를 몰랐다.

켈리는 자신의 모습을 관찰하면서 감정 유발 요인, 헌신하는 대상, 업무, 습관에 대한 일지를 작성하는 작업부터 시작했다. 그 작업을 통해 그녀의 일상, 감정을 촉발시킨 상황과 사람들을 세부적으로 파악할 수 있었다. 그리고 켈리가 평소 다정한 엄마, 힘을 주는 아내, 성공한 사업가라는 비전을 뒷받침해줄 일을 하는 게 아니라, 본인이 해야 한다고 생각하는 일을 하면서 보낸다는 것을 알아냈다.

켈리는 속도를 늦추고 여유를 찾기 위한 공간을 만들기로 했다. 잠시 숨을 고르면서 지금 무엇을 하고 있는지, 왜 그 일을 하는 건지 자문하는 법을 배웠다. 그리고 본인이 원치 않는

정신을 똑바로 차리고 자신을 관찰할 준비가 되었는가?

감정이 들 때 자기 인식을 높이고 자아 탐구를 하는 방법도
배웠다.

그 공간 덕분에 지금까지와는 다른 선택을 할 수 있게 되었
고 그 결과 삶이 바뀌기 시작했다. 활력 수준이 달라졌고 자신
과의 관계도 바뀌어 비전을 실천하기 시작했다.

자각 수준 높이기

자각 수준을 높이면 말 그대로 자신이 어떤 사람인지 깨닫고
자기 길을 가로막고 있는 것이 무엇인지 알게 된다.

진도를 더 나가기 전에 당신이 시도해봤으면 하는 게 있다. 이
건 본인 몸에 대한 인식을 높이는 방법을 알려줄 것이다. 몸은
우리가 평소에 자주 무시하는 부분이지만 자신의 모든 측면을
자세히 알수록 자각 수준이 높아진다.

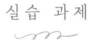

실 습 과 제

심호흡을 한 다음 지금 자신에게 약속을 해보자. 내 말을 따라

해보라. "나는 자각을 높이고 내 삶의 관찰자가 되기 위한 길을 택할 것이다. 스스로 관찰할 수 없는 건 바꿀 수 없기 때문이다."

이제 눈을 감고(눈을 감은 채로는 글을 읽을 수 없으니 지시사항을 다 읽은 다음에) 심호흡을 몇 번 해보자. 자기 몸을 천천히 느껴보자. 몸의 어느 부분에서 긴장감이 느껴지는가? 몸의 어느 부분이 답답한가?

몸의 그 부분에 집중하면서 그곳에 숨을 불어넣자. 숨을 쉬는 동안 몸에서 힘을 빼고 긴장을 풀어야 한다.

우리는 루틴과 습관에 너무 사로잡힌 나머지 자신이 '정상'이라고 여기는 것에서 벗어나려는 시도조차 하지 않는다.

작가 데이비드 포스터 월리스David Foster Wallace는 멋진 우화를 통해 자각을 근사하게 설명한 적이 있다. 그는 2005년 케니언 대학 졸업식 연설에서 다음과 같은 이야기를 전했다.

바다에서 어린 물고기 두 마리가 헤엄을 치고 있었다. 반대 방향으로 헤엄치던 나이 든 물고기 한 마리가 고개를 끄덕여 인사를 건네며 말했다. "좋은 아침이구나, 얘들아. 물 상태는

정신을 똑바로 차리고 자신을 관찰할 준비가 되었는가?

어때?" 어린 물고기들은 그대로 잠시 헤엄치다가 한 물고기가 다른 물고기를 바라보며 물었다. "물이 대체 뭐야?"

"난 물고기도 아닌데 이게 나한테 무슨 도움이 된다는 거지?"라고 생각할 것이다.

난 당신이 자신의 현재 상태에 반기를 들길 바란다.

자신감이 부족하다는 느낌은 사실 자신에게 말하는 방식과 관련이 있으므로 자신에게 말하는 방식을 바꾸면 당장 자신감이 높아질 수 있다.

기분이 우울하고 화를 자주 내고 스스로 비관적인 사람이라고 느낀다면, 이는 과거에 대한 집착 때문일 수 있다. 남들을 용서하고 좋은 일에만 관심을 집중한다면 금세 더 행복하고 낙관적인 사람이 될 수 있다.

자신감 부족이나 비관적인 태도가 자신의 '물'일 수도 있다. 너무 익숙해진 탓에 더 이상 의문을 제기하거나 인식하지 못할 수도 있다. 그냥 본인 정체성의 일부가 된 것이다. 하지만 자신의 정체성에서 도움이 되지 않는 부분은 언제든지 떨쳐낼 수 있다는 걸 알려주고 싶다. 그 사실을 알면 당장 변화를 택할 것이다.

현재의 자각 수준이 어느 정도이든 간에 수준을 더 높여야 한다. 스스로 자각하지 못하면 아무런 조치도 취할 수 없기 때문이다.

자신의 관찰자가 되자

자각 수준을 높일수록 자신의 관찰자가 되는 게 쉬워진다.

개인적인 성장 여정을 처음 시작했을 때 나는 두 가지 버전의 자아를 지니고 다녔다.

내 옆에서 나와 함께 다니며 나를 지켜보고 관찰하고 자기가 본 것에 피드백을 제공하는 홀로그램 버전의 내가 있다고 상상했다. 홀로그램 트레이시는 내가 본 사람이나 사물에 대한 내적 대화를 들으면 "우와, 그런 식으로 판단하는 거야?"라고 말하곤 했다. "너 정말 감자튀김을 추가 주문할 생각이었어?"라고 묻기도 했다. 내가 힘든 하루를 보내고 나면 위안이 되는 음식을 찾는다는 걸 알고 있기 때문이다. 내가 짜증을 내면 "왜 남편한테 화를 내고 그래? 그는 널 도와주려고 그런 거잖아"라고 했고, "이제 잠시 멈춰서 지금 그 일을 왜 하는 건지, 네 내면에서 무슨 일이 일어나고 있는지 생각해봐야 해"라고 상기시켜주기도 했다.

자각 수준을 높이려면 항상 자신을 관찰해야 한다는 사실을 일깨워줬다. 또 내가 언제 자신을 존중하는지도 알려줬다. "그래, 아이들이 말다툼을 벌이는 동안 느긋하게 기다린 건 정말 잘한 일이야. 전문가처럼 상황을 진정시켰어." 홀로그램 트레이시는 내가 계속 유지해야 할 행동과 바꿔야 하는 행동을 파악하도록

정신을 똑바로 차리고 자신을 관찰할 준비가 되었는가?

도와줬다. 자기 자신을 인식하고 스스로에게 솔직해질 수 있도록 도와줬다. 당신도 이런 홀로그램 버전의 자아를 이용하거나 자신에게 적합한 버전을 만들면 된다.

관찰자는 상사가 뭔가를 요청했을 때 당신이 어이없다는 듯 눈동자를 굴리는 모습을 볼 수 있다. 당신이 주변 여성들에 대해 이러쿵저러쿵 얘기하는 것도 듣고, 불평을 자주 하는 것도 알아차린다. 자신의 감정을 인정하지 않으려고 일부러 바쁜 척하는 모습도 관찰하고, 열심히 운동하겠다는 약속을 무시하는 것도 목격한다. 이렇게 자신의 제2의 천성이 되어버린 행동을 알아차리도록 도와줄 관찰자가 필요하다. 관찰자는 가려진 약점을 밝히는 데 도움이 된다.

실 습 과 제

당신의 관찰자는 지금까지 무엇을 보았을까? 당신이 지금까지 무시했거나 정상이라고 생각했던 것들을 깨닫는 데 도움이 되었는가? '당신의 물'은 무엇인가?

자신을 관찰하면서 의식을 고양시키면 자각 수준이 높아져 기분도 좋아지고 더 나은 삶을 살 수 있다.

치유력을 발휘하는 자각

자각 수준을 높였을 때 생기는 가장 멋진 일은 새로운 자각이 치유 효과를 발휘한다는 것이다. 자기가 무심코 하고 있는 일을 알아차리기만 해도 즉시 행동을 바로잡을 수 있고, 그렇게 함으로써 훨씬 큰 행복감을 느낄 수 있다.

나는 사람들에게 가까이 다가가 도움을 주고자 하는 마음에 워크숍을 자주 진행하는데 한번은 사라라는 여성이 자기 시어머니와 갈등을 겪었던 일을 얘기해줬다.

"나는 주변 사람들의 지지를 원하는데 시어머니는 늘 못마땅한 표정을 지으면서 도움이 안 되는 지적만 하세요. 어젯밤에도 애를 재우고 있는데 시어머니가 아이 침실 앞을 지나가면서 '애가 책을 더 읽어달라는데 거절하는 거니?'라고 하시지 뭐예요. 벌써 열네 권이나 읽어줬고 이제 자야 할 시간인데 말이에요. 그리고 애가 막 눈을 감을 때쯤에 '아직 안 자는 거니?'라고 소리를 지르더니 2분 뒤에는 '애가 계속 울도록 놔둘 거야?'라고 잔소리를 했어요. 정말이지, 조금쯤은 도움이 되어줄 수도 있는 거 아닌가요?"

사라의 목소리에는 실망감과 좌절감이 짙게 배어 있었다. 사라의 시어머니가 목소리 크기와 타이밍을 조절할 수 있었을 것이라는 데는 동의하지만, 거기에는 그 이상의 무언가가 있었다. 사라가 느낀 실망감의 기원에 대한 이야기를 나누는 동안 그녀의 머릿속에 밝은 등이 켜진 것 같았다.

"어머니라면 저의 양육 방식을 이해해줄 거라고 생각했어요. 시어머니가 아들을 훌륭하게 키워냈다는 건 내가 그 사람과 결혼했으니 잘 알고 있어요. 그러니 어머니가 나를 지지해줄 것이라고 생각했죠. 아들을 키우는 게 얼마나 힘든 일인지 잘 아실 테니까요. 하지만 자녀 양육에 관해 직접 대화를 나눈 적은 없어요. 그냥 짐작만 한 거죠."

"잘했어요, 사라. 대단한 자각력을 발휘했네요. 그렇다면 당신이 좌절하는 진짜 이유는 뭐죠?"

"어머니가 제 기대에 부응해주지 않아서 답답해요. 그런데 놀랍게도 우리는 이 문제에 대해 아직 대화를 나눠보지 못했어요."

사라는 자신이 느끼는 좌절감과 낙담의 근원을 알게 되었다. 치유할 방법이 생긴 것이다. 이제 사라는 진실을 깨달았고 선택권이 생겼다.

그래서 시어머니와 이야기를 나눠보기로 했다. 두 사람은 아들을 키우는 데 따르는 시련과 고난에 대해 이야기했다. 함께 웃고, 경험담을 나누고, 술도 많이 마셨다.

사라는 좌절에서 벗어났다. 자각이 치유력을 발휘한 것이다.

현실을 얼마나 자각하고 있는가?

자각 수준이 높아질수록 원하는 삶을 선택하고 창조할 수 있는 힘이 커진다. 자각 수준이 높아지기 시작하면 기분, 감정, 태도를 통해 내면에서 무슨 일이 일어나고 있는지 알게 된다. 의식이 고양되고 자각 수준이 높아지고 정신을 집중할수록 더 많은 관점이 생긴다. 정말 간단하지 않은가?

정신을 똑바로 차리고 자신을 관찰할 준비가 되었는가?

소셜미디어에 새로 업데이트된 피드를 살펴보다가 갑자기 어떤 감정이 들기 시작하는 상황을 상상해보자. 한 사업가가 눈에 띄었다. 그의 메시지는 당신이 꼭 들어야 하는 내용이고, 그는 본인의 모습을 당당하게 드러내고 있으며, 팔로워 수를 보면 사업이 호황을 누리고 있다는 것도 알 수 있다.

이걸 본 당신은 자신의 에너지에 변화가 생긴 것을 알아차린다. 기분이 가라앉고 뭔가 달라진 느낌이다.

이때 '남들은 이렇게 잘하는데 나는 왜 안 돼?' 혹은 '나도 저렇게 되고 싶어, 나도 진짜 내 모습을 드러내고 싶어!'라는 생각의 소용돌이에 끌려 들어가선 안 된다.

그것과는 다른 반응, 신중한 반응을 보이기 바란다.

모든 감정을 제거하고 지금 일어나는 일에 주목하자.

자기 몸을 살펴서 에너지 변화가 발생한 부위를 찾는다.

섣부른 판단이나 의견 없이 자신의 반응에 호기심을 품으면서 그냥 주목하면 된다.

무엇을 알아차렸는가?

그 변화, 그렇게 기분이 가라앉는 걸 느낀 순간 무슨 생각을 하고 어떤 혼잣말을 했는가?

본인이 겪고 있는 일의 진실은 무엇인가?

어쩌면 에너지 변화가 생긴 이유는 본인이 부족한 사람이라는 생각이 들어서일지도 모른다. 원하는 수준의 성공을 이룰 수 있을까 하는 깊은 의심, 무능하다는 기분 또는 고립감 때문일 수도 있다.

하지만 이제 본인의 상태를 자각했으니 다른 선택을 할 수 있다.

깊이 숨을 들이쉰 다음 자기가 얼마나 많은 걸 이루었는지, 사업을 하면서 얼마나 많은 사람들을 도왔는지에 집중할 수도 있다. 그렇게 다정하고 연민 어린 태도로 자신을 대하면서 남들과의 비교를 멈춰야 한다.

새로운 선택을 하면 새로운 경험을 하게 된다.

아무 생각 없이 일상적으로 반응하다 보면, 의식적으로 결정할 경우에는 선택하지 않았을 경로로 가게 될 수도 있다.

정신을 똑바로 차리고 자신을 관찰할 준비가 되었는가?

지금까지 하루를 어떻게 보냈는지 돌이켜보자. 무력한 상태를 몇 번이나 겪었는가? 분노나 좌절감, 실망, 압도감을 느꼈는가? 그런 상태일 때 자신의 행동을 얼마나 많이 관찰했는가? 다음 질문에 답해보자.

· 오늘 불안감을 느낀 적이 있는가?
· 오늘 자신을 위한 공간을 얼마나 만들었는가?
· 오늘 아침에 일어나서 가장 먼저 한 일은 무엇인가?
· 오늘 뭔가의 진가를 알아보거나 감사하는 마음으로 타인과 연결된 적이 있는가?
· 오늘 하고 싶었던 일 중에 아직 하지 못한 일이 있는가?

매일 상당한 시간 동안 무력감을 느끼고, 자신을 위한 공간을 만들지 않고, 앞으로 나아가는 데 도움이 되는 것들과 연결을 맺지 않는다면 이건 자각 수준이 낮은 상태로 살아가고 있다는 뜻이다. 자각 수준이 낮으면 사고와 인식이 제한되므로 긍정적인 변화를 이루는 데 도움이 되는 선택을 하기가 어렵다.

자각 수준을 높이고 높은 인식 수준에 맞는 삶을 살아야 꾸준히 선택권을 발휘할 수 있다. 상위 자아를 지니고 살아가면 그 결과 자율권과 기쁨, 행복, 연민, 친절함, 창의성, 자신감 같은 감정을 느끼게 된다.

상위 자아는 에고에 신경을 쓰지 않는다. 그건 아무것에도 관심이 없다. 상위 자아는 당신이 꿈꾸는 자신의 모습, 세상에 나타날 준비를 갖추고 때를 기다리는 자신의 모습이다.

의식적으로 살기 위해 초인이 될 필요는 없다. 그냥 자신을 인식하고 일관된 선택을 하기만 하면 된다. 우리는 본인이 처한 모든 상황에서 그렇게 할 수 있는 힘을 지니고 있다.

새로운 이야기 시간이 됐다. 같은 여자가 같은 상황에서 한 완전히 다른 경험을 살펴보자.

제시카는 새로운 연인이 될지도 모르는 사람과의 첫 번째 데이트를 준비하려고 퇴근 후 서둘러 집으로 돌아갔다. 지금까지 인터넷에서 만난 상대와의 데이트가 제대로 이루어진 적이 없었기 때문에 큰 희망을 품고 있지는 않았다.

'온라인상에서 진실을 말하는 사람은 아무도 없잖아? 마라톤을 한다는 그 젊은 프로젝트 매니저가 실은 제대로 뛰지도 못하는 나이 든 건물 관리인일 수도 있어. 그렇게 귀여운 남자

가 나랑 사귀고 싶어 할 리가 없잖아. 프로필 사진은 그 사람 손자 사진이 아닐까?'

제시카는 휴대폰의 메시지 알림음을 듣고 생각을 멈췄다. 휴대폰을 찾으려고 가방을 뒤지던 그녀는 자기가 데이트가 취소되기를 바란다는 걸 깨달았다. 하지만 그건 관리자의 실수 때문에 예약 시간이 바뀌었다는 식당 측의 메시지였다.

'좋아. 이제 연쇄살인범을 만나게 되는 건 아닌지 걱정할 시간이 30분 더 늘었네.'

제시카는 침대 위에 옷을 다 펼쳐놓고 하나씩 배제시켜 나갔다.

'저건 면접 갈 때 입는 옷 같고, 저건 클럽에서 면접 볼 때 입는 옷 같고, 저건 엄마가 면접 가는 딸한테 입혀주는 옷 같고, 저건, 잠깐만, 저건 실제로 마지막 면접 때 입었던 옷이잖아. 우웩!'

제시카는 샤워를 하면서 데이트 상대를 처음 만날 때의 모습을 상상했다. 마지막 데이트가 비참하게 끝난 뒤, 친한 친구가 앞으로는 무슨 일이 생기든 만반의 준비를 갖춘 상태로 식당에 들어갈 수 있도록 첫 만남을 미리 상상해보라고 충고했다.

'어쩌면 사진 속의 그 사람이 나올지도 몰라. 귀엽게 생긴 남

자도 연쇄살인범이 될 수 있잖아?'

간신히 면접용 복장처럼 보이지 않는 옷을 고른 제시카는 거울 앞에 서서 자기 모습을 위아래로 살피면서 '아주 좋은데'라고 생각했다.

그렇게 자신을 격려하면서 차 열쇠를 집으려고 손을 뻗다가 실수로 열쇠를 선반에서 떨어뜨린 제시카는 그걸 잡으려고 서둘러 몸을 날렸다.

"이런 내 발가락!" 제시카는 고통에 비명을 지르면서 손바닥에 자국이 남을 정도로 열쇠를 꽉 쥐었다.

그리고 다행히 부러지지는 않았지만 피투성이가 된 발가락을 내려다보면서 이것이 오늘 밤 밖에 나가면 안 된다는 우주의 신호라고 생각했다. 아니면 영영 나가지 말라는 뜻이거나.

제시카는 아무래도 안 나가는 게 좋겠다고 계속 투덜거리면서 차에 시동을 걸었다. 하지만 23초 만에 발가락 생각은 다 잊고 자기 앞에 끼어든 멍청한 운전자에게만 집중하게 되었다. 그리고 그에게 공격적으로 경적을 울리면서 손가락 욕을 날리느라 우회전해야 할 지점을 놓쳤다.

남자들은 모두 절대 운전을 하면 안 되는 연쇄살인범이라는 결론을 내리면서 식당에 도착한 제시카는 주차를 대신 해주려고 기다리고 있는 남자 직원을 보고는 질색을 했다.

정신을 똑바로 차리고 자신을 관찰할 준비가 되었는가?

'이런 사람한테 어떻게 내 차를 믿고 맡긴담.'

고집스럽게 차를 직접 주차한(하지만 주차선에 맞지 않게 비뚤게 세웠다) 제시카는 맹렬한 기세로 식당에 들어갔다.

이제 제시카의 데이트 상대가 연쇄살인범이 아니라, 자기처럼 괜찮은 여성을 만나 멋진 첫 데이트를 즐기기를 고대하는 훌륭하고 정직한 남자였다고 가정해보자. 그가 만나게 되리라고 예상했던 건 제시카의 하위 자아가 아니었을 것이다. 그리고 제시카 입장에서도 그날 저녁을 어떻게 보내게 될지 알고 있었더라면 그런 모습을 보이지는 않았을 것이다.

이 시나리오를 다시 써보자. 이번에는 제시카의 상위 자아가 등장한다.

제시카는 새로운 연인이 될지도 모르는 사람과의 첫 번째 데이트를 준비하려고 퇴근 후 서둘러 집으로 돌아갔다. 최근에 했던 데이트가 잘 안됐지만 이번 데이트는 다를 것이라는 큰 희망을 품고 있었다. 어쩌면 특별한 관계의 시작이 될 수도 있을 것이다.

'온라인상에서 진실을 말하는 사람은 아무도 없잖아? 마라톤을 한다는 그 젊은 프로젝트 매니저도 본인이 말한 그런 사람이 아닐 수도 있어. 하지만 어쩔 수 없지 뭐. 내 프로필 사진도 최근에 찍은 셀카와는 다른 모습이니까. 그렇게 귀여운 남자가 나와 저녁을 먹고 싶어 하다니 믿을 수가 없네. 일이 어떻게 되든, 이건 주말을 시작하기에 아주 좋은 방법이야.'

제시카는 휴대폰의 메시지 알림음을 듣고 생각을 멈췄다. 휴대폰을 찾으려고 가방을 뒤지면서 혹시 데이트가 취소된 건가 하는 생각이 들었다. 하지만 그건 관리자의 실수 때문에 예약 시간이 바뀌었다는 식당 측의 메시지였다.

'좋아. 30분쯤 거품목욕을 하면서 휴식을 취할 수 있겠네. 서둘러서 샤워를 하는 것보다 훨씬 좋잖아. 오늘 저녁은 이미 내가 원하던 대로 되고 있어.'

옷을 이것저것 침대에 펼쳐놓은 제시카는 재빨리 완벽한 의상을 골랐다.

'저건 면접 갈 때 입는 옷 같고, 저건 클럽에서 면접 볼 때 입은 옷 같고, 저건 엄마가 면접 가는 딸한테 입혀주는 옷 같고, 저건, 잠깐만, 저건 실제로 마지막 면접 때 입었던 옷이잖아. 그때 일자리를 얻어서 정말 행복했었지. 그러니까 저 옷은 이제 내 행운의 옷이야. 오늘 저녁에도 저 재킷을 입어야겠다.'

제시카는 욕조에 몸을 담그고 데이트 상대를 처음 만날 때의 모습을 상상했다. 마지막 데이트가 별로 기분 좋게 끝나지

정신을 똑바로 차리고 자신을 관찰할 준비가 되었는가?

앉았을 때, 친한 친구가 앞으로는 무슨 일이 생기든 만반의 준비를 갖춘 상태로 식당에 들어갈 수 있도록 첫 만남을 미리 상상해보라고 충고했다.

'저기 그 사람이 있어. 사진하고 똑같이 생겼네. 귀여워라. 와, 내가 다가가니까 자리에서 일어나 내 뺨에 입을 맞췄어. 와, 냄새도 아주 좋잖아.'

행운의 옷을 골라 입은 제시카는 거울 앞에 서서 자기 모습을 위아래로 살펴보면서 생각했다. '솔직히, 나 같아도 나와 데이트하고 싶겠다.'

차 열쇠를 집으려고 손을 뻗다가 실수로 선반에 있던 열쇠를 떨어뜨린 제시카는 그걸 잡으려고 몸을 날렸다.

'제발, 아무 데도 부러진 데가 없어야 할 텐데.' 제시카는 손바닥에 자국이 남을 정도로 열쇠를 꽉 쥐면서 간절히 빌었다.

그녀는 다행히 부러지지는 않았지만 피투성이가 된 발가락을 내려다보면서 이것이 자신의 기도가 응답받았음을 보여주는 우주의 신호라고 생각했다.

'다행히 아무 데도 부러지지 않았어. 휴. 오늘 밤에 다른 기도도 응답받는지 보자.'

제시카는 정말 다행이라고 계속 중얼거리면서 차 시동을 걸었다. 하지만 23초 뒤, 자기 앞에 끼어든 운전자에게 집중하느라 발가락 생각은 다 잊었다. 그 운전자에게 무슨 문제가 생겼기에 저렇게 초조해하는 건지 생각하다가 우회전해야 할 지점도 놓쳤다.

'아무 일도 없었으면 좋겠는데.' 제시카는 혹시 그 운전자의 가족에게 긴급한 상황이 발생해 서둘러 집으로 향하고 있는 건 아닐까 생각했다. 어쩌면 곧 아이가 태어난다든가 하는 좋은 일일지도 모른다!

오늘 밤은 운전 속도에 상관없이 기도 응답을 받을 수 있는 즐거운 밤이라고 판단한 제시카는 식당에 도착해 주차를 대신 해주는 직원이 있는 걸 보고 기뻐했다.

"내 차를 맡아줘서 고마워요." 제시카는 인사를 하고 경쾌한 발걸음으로 식당에 들어섰다.

자…… 첫 데이트 때 어떤 제시카를 만나고 싶은가? 첫 데이트 때 어떤 제시카가 되고 싶은가?

유리 엘리베이터

내가 자기계발 업계에서 가장 존경하는 인물인 마이클 닐

정신을 똑바로 차리고 자신을 관찰할 준비가 되었는가?

Michael Neill은 『인사이드 아웃 혁명The Inside Out Revolution』이라는 책에서 놀라운 해석 도구를 제시한다. 다음은 그가 설명한 내용의 요점만 간추린 것이다.

우리가 유리 엘리베이터에서 산다고 상상해보자. 엘리베이터는 위아래로 오르락내리락한다. 엘리베이터가 낮은 층으로 내려갈수록 자각 수준도 낮아진다. 생각이 제한되고 그에 따라 기분과 감정도 저조해진다.

엘리베이터가 높이 올라갈수록 자각 수준이 높아지고, 자각 수준이 높아지면 기분과 감정도 고조된다.

유리 엘리베이터를 타고 2층에 머물러 있다고 상상해보자. 여기는 중간층이고 자기 삶에서 일어나는 모든 일들과 같은 눈높이에 있다. 온갖 문제에 둘러싸여 있다는 얘기다. 스트레스 요인, 이미 인지하고 있는 문제들, 배우자와의 말다툼, 자녀 때문에 느끼는 좌절감, 사업하면서 생긴 당황스러운 일들, 옛 애인과의 싸움 등. 2층에서는 '겉으로 보이는' 것과 동일한 모습만 볼 수 있다. 자신에게 익숙한 제한된 관점에 머물러 있기 때문이다.

익숙함을 원치 않는다면 어떻게 해야 할까? 2층에 머물면서 느끼는 기분이 본인이 원하는 기분이 아니라면 어떻게 해야 할까?

이때 우리가 할 일은 선택을 하는 것이다.

엘리베이터 버튼을 눌러 29층으로 가자. 높이 올라가는 것이다.

유리 엘리베이터를 타고 위로 향하면서 2층에서 점점 멀어지면 어떤 일이 일어날 것 같은가?

"세상을 다르게 바라보게 될 것이다. 관점이 넓어지고 지금 벌어지고 있는 일들에 대한 관심이 줄고 내 선택권을 잘 활용하게 될 것이다"라고 대답했다면 아주 훌륭하다! 백번 옳은 말이다.

29층에서의 삶을 상상해보자. 이제 원하는 지점에 더 가까워졌다. 공기가 가볍고 가슴에 기쁨이 가득하다. 여기에는 자기중심적인 태도나 섣부른 비판이 끼어들 자리가 없다. 이 평화로운 곳에서는 지지와 격려, 포용적인 태도를 누릴 수 있고 당신도 다른 이들을 그렇게 대할 수 있다. 29층에서는 끝없는 선택이 가능하다.

엘리베이터 버튼을 누르면 자신의 길에서 벗어나 더 높이 올라가게 된다. 그런 멋진 일이 얼마든지 가능하다. 우리가 할 일은 선택하는 것뿐이다.

호흡

자각을 높이는 방법을 얘기하려면 먼저 우리가 활용할 수 있는 가장 강력한 도구부터 살펴봐야 한다. 우리 인생을 완전히 바꿔놓을 이 도구는 항시 사용할 수 있을 뿐만 아니라 비용도 전혀 들지 않는다. 우리가 할 일은 그걸 선택하는 것뿐이다. 정말 멋지지 않은가.

그 도구는 바로 호흡이다.

목적이 있는 의도적인 호흡은 우리 마음대로 사용할 수 있는 가장 강력한 도구다. 언제든지 이용만 하면 자율적이고 놀라운 삶을 사는 데 도움이 된다. 나는 의도적인 호흡을 너무 좋아해서 몸에 그 단어를 문신으로 새기기까지 했다

호흡이 그렇게 강력한 힘을 발휘하는 이유는 무엇일까?

호흡하는 속도, 깊이, 패턴을 바꾸면 뇌에 새로운 신호가 전송된다. 그러면 신경계가 하던 일을 중단하고, 우리도 하던 일을 멈추게 된다. 그리고 그 순간, 다음에 무엇을 하고 싶은지 선택할 수 있는 여지가 생긴다.

우리가 처음 세상에 태어났을 때는 호흡 패턴이 깊고 느리고 규칙적이다. 그러다가 자라서 이런저런 일을 겪다 보면 호흡이 얕고 불규칙하고 빨라진다. 그건 누구나 마찬가지다.

그리고 바로 지금, 당신은 본인의 호흡을 의식하게 되었을 것이다. 심호흡을 하거나 하품을 했을지도 모르고 그 결과 좀 더 차분해지고 자각 능력도 커졌을 것이다. 이건 마법이다! 물론 마법이 아니라 과학이긴 하지만, 신기하니까 마법과학이라고 하자!

자기가 불규칙하게 숨을 쉬거나 어느 순간 아예 숨을 쉬지 않

는다는 걸 알아차리게 된다. 다들 무슨 말인지 알 것이다. 주변에 문제가 생기면 실제로 숨을 참게 된다. 몸을 다치거나 중요한 소식을 기다리고 있을 때는 호흡이 멈추기도 한다. 반대로 긴장하면 호흡이 빨라질 수 있다. 이제 이런 사실을 알게 됐으니 신경쓰이기 시작할 것이다.

의도적으로 호흡할 때는 신체 속도가 느려지기 때문에 심오한 수준의 자각에 도움이 된다. 말 그대로 신경계를 방해하고 편도체에 새로운 신호를 보내 몸의 움직임이 멈추는 것이다.

편도체란 대체 뭘까? 좋은 질문이다.

대뇌 변연계에 있는 아몬드 모양의 작은 부위인 편도체는 감정, 생존 본능, 기억을 담당한다. 생존 본능은 스트레스나 위협, 두려움을 느낄 때 발생하는 투쟁, 도피, 경직 반응을 뜻한다.

의도적인 호흡을 통해 뇌에 보낸 새로운 신호는 편도체를 진정시키고 속도를 늦춰서 지금 겪고 있는 자극에서 벗어날 공간을 만드는 데 도움이 된다. 여기서부터 마법이 시작된다. 의도적으로 속도를 늦추는 순간 자신과 연결되고 자각이 높아지며 선택을 할 수 있게 된다.

하던 일을 멈추고 의도적으로 숨을 쉬면 자신의 존재를 생생히 느끼게 된다. 이런 인식의 힘을 통해 우리 영혼의 지혜와 선함과 연결된다. 평온함 속에서 세상을 명료하게 바라보게 된다. 머리에서 벗어나 마음속으로 빠져든다. 속도를 늦추고 새로운 눈으로 보고 새로운 귀로 듣는다.

자신의 동기를 깨닫게 된다. 자신의 진실과 욕망이 보이고 선택의 자리에 앉게 된다.

의도적인 호흡, 의식적인 호흡은 삶을 변화시킨다. 일상적인 의식의 일부로 실행하거나 하루 종일 간헐적으로 실천할 수 있다. 물론 둘 다 해도 좋다.

의도적인 호흡은 습관 변화에 필수적인 도구다.

건강한 식습관을 지키겠다는 새로운 결심을 했다고 가정해보자. 건강에 해로운 음식을 먹고 싶은 충동이 들면 잠시 멈추고 의식적으로 심호흡을 해보자. 그러면 행동이 중단되고 강박에서 벗어나 의식적인 선택으로 이동하는 데 필요한 여유가 생길 것이다.

어쩌면 아이들에게 함부로 성질을 부리지 말고 차분한 태도를 유지하겠다고 결심했을 수도 있다. 속이 부글부글 끓고 몸이 흥분 상태에 빠져드는 게 느껴지면 잠시 멈추고 의도적으로 숨을 고르자. 그러면 화를 폭발시키려던 것이 중단되고 새로운 방법을 선택할 여유가 생길 것이다.

호흡 상태를 자각하면 자신과 연결되고 속도가 느려진다. 그러면서 자기 자신, 생각, 태도, 행동에 대한 인식이 높아질 것이다.

기술 활용

이 장의 첫머리에서 기술은 유익할 수도 있고 해로울 수도 있다고 얘기했지만, 사실 화면을 들여다보는 시간을 줄이고 햇빛 아래에서 보내는 시간을 늘려야 하는 게 맞다.

그게 무슨 말일까? 디지털 디톡스를 실행하고 야외에서 더 많은 시간을 보내라고?

그렇다. 이제 휴대폰, 태블릿, TV, 노트북과 멀어지는 디지털 디톡스를 실행해야 한다. 주변에 대한 자각을 높인다는 것은 곧 현재에 모든 관심을 쏟는다는 얘기다.

처음에는 팔다리를 잃은 것처럼 느껴질 수도 있지만 곧 괜찮아질 것이고 얼마 뒤에는 훨씬 좋아질 거라고 장담할 수 있다.

최근에 아버지 생일을 맞아 가족과 함께 멋진 주말을 보냈다. 우리는 많은 기쁨과 행복, 사랑, 추억을 나누면서 함께 시간을 보냈다. 그냥 같은 방에 앉아서 각자 휴대폰만 들여다보는 게 아니라 진정으로 '함께'하는 시간이었다.

이건 내가 휴대폰 디톡스를 선언한 덕분이다. 10대인 우리 아이들은 휴대폰을 가져가지 않았다. 나도 휴대폰을 비행기 모드로 해둬서 사진은 찍을 수 있지만 괜히 방해를 받거나 주의가 산만해지지는 않았다. 아이들은 내가 규칙을 잘 지키는지 거듭 확인

정신을 똑바로 차리고 자신을 관찰할 준비가 되었는가?

했고, 난 실제로 잘 지켰다.

물론 휴대폰 디톡스 선언을 처음 했을 때는 아이들도 싫어했지만 결국 극복했다. 이 기회를 통해 아이들에게 진정한 연결이 무엇인지, 현 상황에 적극적으로 관여하고 집중한다는 게 어떤 것인지 알려줄 수 있었다. 부모가 이걸 가르쳐주지 않는다면 아이들은 영영 배우지 못할 것이다. 어른인 우리는 항상 이 사실을 떠올리면서 모범을 보여야 한다.

화면에 푹 빠진 채 건성으로 살아가는 건 제대로 된 인생이 아니다.

화면을 들여다보지 않을 때는 새로운 것을 선택할 수 있다. 맨발로 풀밭을 산책할 수 있다. 책을 들고 밖에 나가 햇살을 쬐면서 읽을 수도 있다. 잠시 짬을 내어 창밖을 내다보면서 나무가 흔들리고 새들이 날아다니는 모습을 관찰하자. 자연 속에 있거나 현재에 관심을 집중하면 관찰자 근육이 발달한다. 그리고 자각 능력이 커진다.

의식혁명에 동참하자

우리는 진화하고 있다. 그리고 자신의 무한함, 잠재력, 변화 능력을 이해하고 포용하기 시작했다. 이제 의식혁명을 시작할 준비가 되었다.

우리는 고정된 존재가 아니다. 얼마든지 변할 수 있고 성장할 수 있으며 자신에게 도움이 되지 않는 부분은 버릴 수 있다.

하지만 자각을 높이지 않으면 그런 변화는 불가능한데, 자신의 관찰자가 되어 의식혁명에 동참할 준비가 되었는가?

다른 무엇보다 먼저 자각력부터 높여야 한다. 본인이 원하고 누릴 자격이 있는 삶을 경험하고 만들어갈 수 있도록 자각력을 고취시키자.

실 습 과 제

- 매일 틈틈이 시간을 내서 의식적인 호흡을 연습하자. 필요한 순간에 행동을 멈추고 습관을 바꿀 때도 이런 의도적인 호흡법을 사용하는 게 좋다.
- 스마트폰에 하루 4번씩 알림 메시지가 뜨도록 설정한다. 그 메시지는 "잠깐 하던 일을 멈추고 자신에게 애정을 쏟아줘, 여유를 가지고 깊게 숨을 쉬어"처럼 본인이 지킬 수 있는 내용이어야 한다. 현대 기술에도 사실 장점이 있는데 아이

정신을 똑바로 차리고 자신을 관찰할 준비가 되었는가?

러니하게도 이것이 그중 하나다.

– 메시지가 뜨면 심호흡(깃대 호흡)을 세 번 한다. 아주 간단하지 않은가?

– 이걸 깃대 호흡이라고 부르는 이유는 깃발이 깃대 위로 올라가 꼭대기에서 흔들리다가 아래로 내려와 잠시 멈췄다가 다시 올라가는 모습을 상상하면서 호흡하기 때문이다.

– 방법은 다음과 같다. 넷까지 세면서 깊게 숨을 들이쉬었다가 최고점에서 숨을 멈추고 다시 넷까지 센다. 그리고 넷까지 세면서 숨을 내쉬고 최저점에서 다시 숨을 멈춘 상태로 넷까지 센 다음 이 과정을 반복하면 된다. 깃발이 오르내리는 모습을 상상하면 현재에 집중하는 데 도움이 된다.

– 중요한 건 이 과정을 연속해서 세 번씩 반복하면서 서두르지 않는 것이다. 조용히 그리고 천천히 숫자를 세어야 한다.

• 아침에 일어날 때는 1985년에 살던 사람처럼 일어나자. 어떤 경우에도 일어나자마자 휴대폰을 손에 쥐어선 안 된다. 그러면 자신에게 당장 필요한 것에 집중하는 게 아니라 다른 사람에게 집중하게 된다. 기상 후 20분 동안은 온전히

자신에게만 집중해야 한다.

- 유리 엘리베이터를 기억하라. 내킬 때마다 29층으로 올라가고, 원치 않는 기분이 들 때도 그렇게 하자. 다른 관점이 필요하거나 분위기를 바꿔서 기분을 전환하고 싶을 때도 좋다. 나도 정기적으로 이 방법을 활용한다. 자신이 2층에 있다는 걸 깨달으면 바로 유리 엘리베이터에 탄 모습을 상상하면서 "올라가!"라고 말하자.

앞으로 본인의 감정과 그걸 인식하는 게 그토록 중요한 이유를 자세히 살펴볼 것이다. 지금 이 실습부터 시작하면 남들보다 앞서 나가게 될 것이다!

자각력을 높이면 강력한 힘을 발휘할 수 있다. 자각력을 높이기로 결심하면 성장하고 치유되고 기분이 좋아지며 자기 자신뿐 아니라 주변 모든 것과 연결되기 시작한다. 그리고 혼자만의 길에서 벗어날 수 있다.

우리 함께 '가치 있는 인간 만트라'를 되뇌어보자.

나는 가치 있는 사람이다. 나는 괜찮은 사람이다. 나는 강한 사람이다. 나는 원하는 걸 선택할 수 있다.

정신을 똑바로 차리고 자신을 관찰할 준비가 되었는가?

생각의 지배를 받지 않고
직접 생각을 다스릴
준비가 되었는가?

"인간은 주변 환경에 대한 기분보다

자기 생각에 대한 기분에 맞춰서 살아간다."

— 마이클 닐

"생각을 바꾸면 인생이 바뀐다", "가장 중요한 건 마음가짐이다", "생각한 대로 이루어진다" 같은 진부한 말을 들어봤을 것이다. 전부 맞는 말이긴 하지만 별로 도움이 되지는 않는다. 방법을 알려주지 않기 때문이다.

하지만 내가 있으니 걱정할 필요 없다. 난 저런 진부한 표현의 전문가다. 곧 당신은 자기가 얼마나 강력한 존재인지 깨닫게 될 것이다.

진도를 나가기 전에 미리 말해둘 것이 있다. 중요한 얘기니까 집중해야 한다.

'나는 내 생각이 아니다.'

다시 한 번 말하겠다.

'나는 내 생각이 아니다.'

심호흡을 하면서 머릿속에 잘 새기기 바란다. 어릴 때 이런 본질적인 진실을 배운 사람은 아무도 없을 테니 완전히 새로운 정보일 것이다. 왜 배우지 못했을까? 기다리면 곧 답이 나올 것이다.

이 정보에 저항감이 느껴진다고 해도 이해한다. 이건 대부분의 사람들에게 낯선 대화 주제다. '말도 안 돼, 내 생각은 항상 정신 없이 내달리면서 멈추는 법이 없어 계속 온갖 생각에 몰두하면서 그게 시키는 대로 하고 있는데 어떻게 내 생각이 곧 내가 아니라는 거지?'라는 의문이 들었다면 괜찮다. 그런 식으로 반응하는 건 당신만이 아니다.

자신의 생각을 어떻게 정의하든 간에(이상하다고 여기든 그렇지 않든) 지금 당장 알아야 할 유일한 사실은 당신은 당신의 마음이 아니라는 것뿐이다. 그게 다다.

우리는 인간이다. 그건 이미 알고 있을 것이다. 인간은 세포, 원자, 분자로 구성되어 있는데 그것들 모두가 에너지다. 생각에 대해 배울 때 에너지가 그토록 중요한 이유는 우리의 생각도 에너지이기 때문이다.

이제 우리가 인간이라는 사실이 명확해졌으니 인간이라는 지위 덕분에 소유하고 있는 게 무엇인지도 확실히 알아야 한다. 소유물 몇 가지를 꼽자면 머리, 팔, 다리 등이 있다. 우리는 분명히 머리와 팔, 다리를 가지고 있지만 우리는 머리도 아니고, 팔도 아니고, 다리도 아니다.

우리에게는 생각이 있지만 그렇다고 우리가 곧 생각은 아니다.

당신은 당신 생각이 아니라는 말이다.

고개를 끄덕이거나 팔을 흔들거나 다리를 차는 등의 동작을 지시할 수 있는 것처럼 생각도 지시할 수 있다.

생각이 우리를 움직이는 게 아니라 우리가 생각을 움직인다는 사실을 받아들이면 모든 것이 달라진다. 이 사실을 받아들이지 않으면 자기 존재의 희생자가 되어 아무것도 못하고 무력해질 것이다. 하지만 젠장, 그렇게 살기에 인생은 너무 길고도 짧다.

자기 생각을 다스리자

생각을 지배하면(나는 이걸 휴먼 테크놀로지라고 부른다) 순식간에 2층에서 29층으로 올라갈 수 있다. 유리 엘리베이터를 기억하는가?

생각을 다스리는 것은 정신적인 마법이다. 이것만큼 놀라운 기분을 안겨주는 건 없다. 우리는 우리 마음이 아니고 자신의 생각을 다스릴 수 있다는 사실을 알면 누구도 우리를 함부로 대할 수 없다. 이를 알면 지금껏 경험해본 최고의 자유를 느끼게 된다.

이것이 사실이라면 왜 어릴 때는 몰랐던 걸까? 그건 신경가소성 때문이다. 신경가소성은 우리 뇌가 고정되어 있지 않고 외부의 영향을 잘 받는다는 사실을 설명하는 아주 멋진 단어다. 다시 말해 뇌를 변화시킬 수 있다는 뜻이다. 그렇다, 생각을 바꿀 수 있다.

에치 어 스케치Etch-a-Sketch라는 장난감을 생각해보자. 이건 판에 뭔가를 썼다가 지운 다음 처음부터 다시 시작할 수 있는 도구다. 이 장난감이 20년 동안 지하실에 있었으면 예전에 써둔 글이 영영 지워지지 않을 거라고 생각하겠지만, 실은 마술처럼 사라지고 새로운 것을 쓸 수 있는 공간이 생긴다.

신경가소성이라는 개념은 비교적 최근에 발견된 것이다. 다행히 이제는 휴먼 테크노로지를 업그레이드할 수 있다는 사실을 알고 있다.

이 말을 듣고 나들 흥분해 있을 것이다. 내가 바뀔 수 있다니! 생각을 바꾸면 된다니! 중국음식을 주문하려다가 생각을 바꿔서 피자를 주문할 수 있다는 얘기가 아니다(물론 그렇게 한다면 나는 찬성이다). 내 말은 실제로 마음을 달리 먹고 생각을 바꿀 수 있다는 것이다. 오오, 우리 다같이 신경과학계를 찬양하자.

지금 생각에 지배당하고 있다고 느낀다면 그건 너무 익숙한 생각에 젖어서 거기에 의문조차 제기하지 않기 때문이다. 이건 집으로 향하는 익숙한 경로와 같다. 그 길을 너무 잘 알기 때문에 더 빠른 경로나 더 경치 좋은 경로가 있는지 굳이 고민하지 않는다. 망설임 없이 매일 똑같은 길을 지나 집으로 향한다. 우리 머릿속에는 생각으로 향하는 친숙한 경로가 가득하다. 그중 일부는 도움이 되지만 일부는 그렇지 않다. 하지만 거기에 의문을 품지 않는다. 그래서 매일 생각이 자동으로 시작되어 똑같은 경로를 따라 흐르는 것이다.

자각력을 높이기로 결심했다면 어떤 생각을 바꾸고 싶은지 이미 알고 있을 것이다. 생각을 바꾸려면 새로운 신경경로를 만들어야 한다. 새로운 길을 만들 때처럼 처음에는 상당한 노력과 작업이 필요한데 새로운 생각을 통해 신경경로를 구축해야 한다. 각각의 새로운 생각이 뇌에서 새로운 뉴런을 발화시키고 그 뉴런이 새로운 경로를 만든다. 따라서 새로운 생각을 선택하면 실제로 뇌의 배선이 다시 연결되기 시작한다. 정말 놀랍지 않은가.

그리고 또 하나 흥미로운 사실은, 지금까지 매일 사용하던 오래된 신경경로가 점점 작아져서 결국 사라진다는 것이다. 현재의 기본적인 사고방식, 현재의 경로가 실제로 사라진다.

신경경로를 식물이라고 생각해보자. 매일 반복적으로 물을 주면 식물은 더 크고 강하게 자라 뿌리를 내릴 것이다. 물을 주지 않는 길은 관심 부족으로 시들어서 죽게 된다. 어떤 식물에 물을 줄 것인지는 본인이 선택해야 한다.

어쩌면 당신은 걱정이 많은 사람일지도 모른다. 그래서 '지금 사귀는 사람과의 관계가 잘 풀리지 않으면 결국 혼자 외로워하게 될 거야'라는 생각을 늘 한다면 어떨까? 물론 이것도 슬픈 일이겠지만 진짜 중대한 사건이 벌어질까 봐 걱정하는 사람은 없는데, 난 그게 문제라고 생각한다. 아, 얘기가 딴 데로 샜다.

어쨌든 그런 생각을 할 때마다 신경경로의 뿌리가 강화된다. 말 그대로 그것이 더 강해지는 길을 선택하는 것이다. 그리고 신경경로가 강해질수록 더 무의식적으로 생각하게 된다.

어느 날 아침에 일어나 다시는 그런 걱정을 하고 싶지 않다고 결심했다고 가정해보자. 그 걱정은 아무런 도움도 안 되고 당신은 파트너를 사랑하며 둘의 관계는 아주 만족스럽다. 걱정이 행복을 방해한다는 걸 깨달았고 또 언제든 생각을 바꿀 수 있다는 걸 아니까 대신 새로운 생각을 하기로 했다.

'나는 파트너를 사랑하고 내 인생도 사랑해. 모든 게 잘 될 거야'라고 생각할 수 있다. 매우 간단하지만 이 새로운 생각을 반복하면 뉴런이 활성화되면서 새로운 경로가 만들어진다. 자각 능력이 뛰어난 사람은 생각이 무심코 기존의 낡은 경로로 흐르면 그 사실을 금세 알아차리고 재빨리 새롭게 선택한 생각으로 돌아가 새로운 생각을 반복할 수 있다.

그렇다, 우리는 이렇게 다른 생각을 선택할 수 있고 뇌가 연결된 방식을 바꿀 수 있다.

새로운 생각을 계속 떠올리면 어떻게 될까? 맞다, 신경경로가 강화된다. 더 이상 생각하지 않기로 한 오래된 걱정은 어떻게 될까? 맞다, 점점 쪼그라들다가 영영 사라져버린다.

기본적인 생각 바꾸기

생각이 어떻게 바뀌는지 알았으니, 이제 새로운 신경경로가 하룻밤 새에 뚝딱 만들어지지 않는다는 걸 깨달아야 한다. 완전히 자각된 상태가 아닐 때의 기본적인 사고방식은 항상 가장 강력하고 친숙한 경로를 택할 것이다. 이런 강력한 경로를 만드는 유일한 방법은 같은 생각을 계속 반복하는 것이다.

아주 좋은 방법 같지 않은가? 그런데 이것이 왜 중요할까? 생각이 현실을 만들기 때문이다. 이건 흔히 하는 진부한 말이 아니라 진실이다. 과학적이고 보편적인 진실.

자세히 설명해보겠다.

우리가 어떤 생각을 하면 그 생각이 뇌에 호르몬 자극을 일으키고 호르몬은 화학물질을 생성해서 방출한다. 그 화학물질이 감정이다. 감정은 행동과 태도에 영향을 미치고, 행동과 태도는 결과를 만든다. 그 결과가 우리 현실이다.

다시 말해, 생각=감정=행동=결과다.

이것이 고리를 이룬다. "모든 것은 생각에서 시작된다"는 고리.

이를 시각적으로 표현하면 다음과 같다.

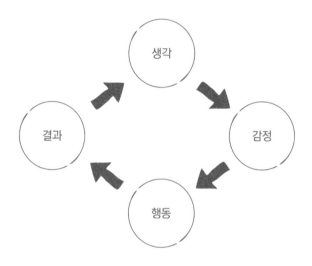

자신에게 도움이 되는 생각을 입력하고 그걸 바탕으로 "모든 것은 생각에서 시작된다" 고리를 만들면 곧바로 휴먼 테크놀로지의 기본 설정을 바꿀 수 있다. 정말 확실한 방법 아닌가?

다니엘은 코칭 사업을 성장시키려고 필사적으로 노력했다. 하지만 돈을 많이 벌지 못했고 고객 확보에도 어려움을 겪었다. 그래서 나와 함께 사업을 개선하기 위한 노력을 시작했다.

"사업을 키우기 위해 어떤 조치를 취하고 있는지 말해보세요." 작업의 기반이 될 기준선을 정하려고 이렇게 물어봤다.

"인맥을 쌓으려고 모임에 나가는데 아무도 내게 말을 걸지 않고, 참석한 행사에서 아무 단서도 얻지 못했어요. 글 쓰는 걸 싫어해서 잠재고객들에게 메일을 보낸 적도 없고요. 내가 무슨 말을 하든 반감만 살 게 뻔해요. 인터넷 세미나나 동영상 제작은 너무 겁이 나서 해보지 않았어요. 기회가 생기면 사람들에게 내 일에 대해 얘기하지만 아무도 관심을 두지 않는 것 같아요."

"좋아요, 그럼 인맥 구축부터 시작해보죠." 이렇게 제안한 이유는 다니엘이 "모든 것은 생각에서 시작된다" 고리를 이해하면 지금까지와는 다르게 일할 수 있다는 걸 알았기 때문이다. "인맥 형성을 위한 행사를 어떻게 생각하는지, 그리고 그런 행사에 참석할 때 어떤 기분인지 말해주세요."

"바보 같은 모임이에요. 자기 물건을 팔려는 사람들만 가득한데 그래도 참석해야 하니까 가는 거예요. 가봤자 별로 관심도 없고 영 별로라는 느낌만 들어서 거기에 있고 싶지 않아요."

"좋아요, 그럼 모임에 갔을 때 일대일로 소통하려고 하나요? 열심히 자기 소개를 하고, 거기서 만난 사람들에게 나중에 다

생각의 지배를 받지 않고 직접 생각을 다스릴 준비가 되었는가?

시 연락하나요?" 이미 답을 알지만 그래도 물어봤다.

다니엘은 미소를 지으며 고개를 저었다. "음…… 아니요. 그런 일은 하지 않아요."

"그렇군요. 당신은 자기 생각이 옳다는 걸 증명하고 있어요. 우리 인간들은 항상 자신이 옳다는 걸 증명하고 싶어 하죠."

"뭐라고요?" 다니엘은 정말 혼란스러운 듯했다. "방금 제가 옳았다고 하신 건가요, 틀렸다고 하신 건가요?"

"당신은 원래 인맥 형성 모임이 바보 같다고 생각했지만 그래도 참석해야 한다고 여겨서 간 거잖아요." 난 다니엘이 했던 말을 그대로 반복했다. "그곳에 가도 관심이 생기지 않는다고 했는데 이건 당연한 거예요. 바보 같은 행사라고 생각하니까 관심이 없는 척하게 되죠. 열정적으로 자기 소개를 하지도 않고 기껏 사람을 만나놓고도 후속 조치를 취하지 않아요. 그러니 영업 성과가 없는 것도 당연하죠. 이런 생각과 행동도 고리를 이룹니다. 첫 번째 생각이 우리 기분과 행동을 결정하고, 이것이 좋지 못한 결과로 이어지면서 인맥 형성 모임이 바보 같다는 사실을 증명하는 거죠."

다니엘이 원래 품고 있던 생각 고리를 시각적으로 살펴보자.

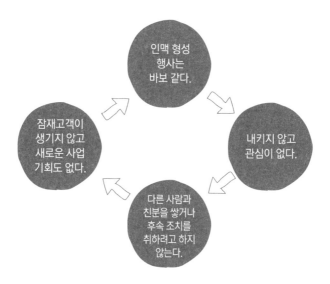

다니엘은 그런 자신에게 만족스러워 해야 하는 건지 실망해야 하는 건지 몰랐다. 결국 인간은 옳은 일을 하고 싶어 한다.

"결과를 바꾸는 방법을 알려줄게요." 나는 이렇게 말을 이었다. "처음에 하는 생각을 바꿔야 해요. 인맥 형성 모임에 참석하기 전에 '나는 내가 하는 일을 좋아해. 그 일을 세상 사람들에게 알리고 싶고, 함께 일할 새로운 사람들을 빨리 만나고 싶어'라는 생각을 반복해서 해보세요. 기분이 어떤가요?"

"흥분되네요. 그리고 실제로 전 제 일을 정말 좋아해요." 진심을 말하는 다니엘의 눈은 밝게 빛나고 있었다.

다음 날 다니엘은 모임에 참석했다. 그곳에 가는 동안 새로

생각의 지배를 받지 않고 직접 생각을 다스릴 준비가 되었는가?

운 생각을 계속 반복했다. 모임에 열성적으로 참가해 최선을 다했고 자기가 하는 일을 얘기할 때는 사람들의 눈을 자신있게 쳐다보았다. 그리고 모임이 끝난 뒤에는 그곳에서 만난 사람들에게 일일이 연락을 했다. 그러자 무슨 일이 벌어졌을까? 다음 날 퇴근 무렵에는 벌써 새로운 잠재고객과의 회의가 잡혀 있었다.

다니엘의 새로운 생각 고리를 시각적으로 살펴보자.

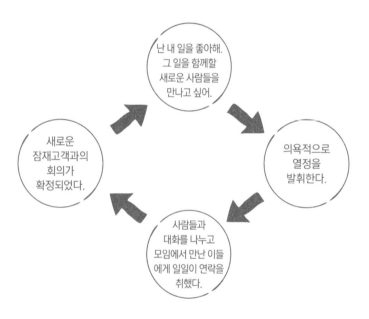

놀랍지 않은가? 이것이 진정한 생각의 변화, 삶의 변화다.

생각은 모든 것의 출발점이다. 생각은 사업, 인간관계, 육아, 우정, 돈, 내면의 평화 등 삶의 모든 영역에서 시동을 거는 역할을 한다.

　폭풍 같은 연애 끝에 최근 결혼한 데비는 사랑에 푹 빠져 있다. 일이 정신없이 진행되는 통에 데비는 시부모들을 찬찬히 알아갈 기회가 없었다.

　"솔직히 결혼식 전에 시부모에 대해 제대로 알았다면 남편과 결혼했을지 잘 모르겠어요. 너무 위압적이라서 참을 수가 없거든요. 가족 중 누구도 그들에게 맞서지 못해요. 참견이 심하고 독선적이고 편협해요. 정말 어찌할 바를 모르겠는데, 이번 추수감사절에는 우리 집에 와서 일주일 동안 머물 예정이래요. 일주일 내내요. 화이트와인을 잔뜩 비축해둘 생각인데, 그러면 이제 술을 많이 마신다면서 날 비난하겠죠."

　"추수감사절을 무사히 보내려면 이 문제를 다른 시각에서 바라봐야 해요." 내가 말했다. "당신은 시부모 얘기를 하면서 화가 난 것 같은데, 그들은 지금 여기 있지도 않잖아요. 이건 당신 생각이 얼마나 강력한지 보여주는 증거예요. 시부모와 같은 장소에 있을 때 어떤 기분이 드는지 말해보세요."

　"주로 좌절감을 느껴요. 소외감도 들고, 소란을 일으키고 싶

　생각의 지배를 받지 않고 직접 생각을 다스릴 준비가 되었는가?

지 않기 때문에 그분들 생각에 이의를 제기하는 것도 두려워요. 난 시부모와 통하는 부분이 전혀 없어요."

"그럼 그런 기분이 들 때 어떻게 행동하나요?" 내가 물었다.

"최대한 대화에 끼지 않으려고 노력해요. 구석 자리에 앉아 와인을 마시면서, 침실로 탈출할 수 있을 때까지 시간을 초 단위로 세고 있죠."

데비의 원래 생각 고리를 시각적으로 살펴보자.

"정말 버틸 방법이 없어요!"

데비의 깊은 낙담을 느낄 수 있었지만 그래도 추수감사절에는 상황을 바꿀 수 있을 것이라고 확신했다. "이런 식으로 계속하면 시부모와의 관계가 좋아지지 않을 거예요. 본인이 그렇게 느끼면 그들과 어울리기 힘들고, 다른 사람들도 방구석에 있는 사람은 상대하기 힘들거든요."

"시부모와의 관계가 어떤 모습이길 바라나요?" 이 말에 데비가 고개를 들었다.

"그분들과 좋은 관계를 맺고 가족의 일원이 되어 함께 느긋한 시간을 보내고 싶어요. 그렇게만 될 수 있다면 내 결혼생활에 확실히 도움이 될 거예요. 하지만 어떻게 해야 할지 모르겠어요."

"연민과 호기심을 발휘하면 어떨까요? 당신 마음속의 분노와 좌절감을 걷어내면 '이제 이 사람들은 내 가족이고, 나와 평생을 함께할 멋진 사람을 낳아준 건 고맙게 생각해. 그들이 어떤 인생을 살아왔기에 지금과 같은 성격이 된 건지는 모르겠지만, 앞으로 차차 알아가면 되겠지'라고 말할 수 있을 거예요. 어떻게 생각해요?"

"좋아요, 시도해볼게요. 그리고 그렇게 놀라운 사람을 낳아준 것에는 정말 감사해요!" 데비가 웃는 모습을 본 건 그때가 처음이었다.

추수감사절 방문 주간이 지나갔다. 데비는 새로운 생각을 계속 반복했다. '이 사람들은 내 가족이야. 이렇게 멋진 아들을 낳아줘서 정말 고마워. 그분들이 지금까지 어떤 삶을 살아왔는지는 모르겠지만 그분들에 대해 알고 싶어.' 데비의 새로운 생각은 개방적인 태도와 호기심을 불러왔다.

시부모는 여전히 데비의 가치관에 어긋나는 말을 했지만, 그녀는 비판적인 태도를 취하지 않고 그들과 어울리면서 새로운 관계를 맺고 그들에 대해 알아가기로 했다. 알고 보니 시부모도 화이트와인을 좋아해서 다 함께 늦게까지 술을 마시고 웃고 떠들면서 서로에 대해 잘 알게 되었다.

데비의 새로운 생각 고리를 시각적으로 살펴보자.

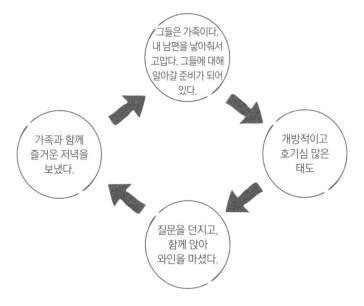

데비가 생각을 바꾼 덕에 완전히 다른 결과가 생겼다. 데비는 모든 기대를 버렸다. 시부모가 변할 것이라고 기대하지 않았기에 다른 접근 방식을 취하고 새로운 길을 개척했으며, 그것이 결국 도달하고자 했던 목적지로 이어졌다.

'그래, 나도 알아. 하지만 생각을 바꾸는 건 그렇게 쉬운 일이 아니야'라고 생각할 것이다. 그 생각은 맞기도 하고 틀리기도 하다. 생각은 생각일 뿐이다. 생각이 현실을 만드는 건 아니라고 여기더라도 그 생각을 반드시 믿어야 하는 건 아니다.

다시 한번 말하겠다. 생각이 현실을 만드는 건 아니라고 여기더라도 그 생각을 반드시 믿어야 하는 건 아니다.

생각을 바꾸는 능력은 우리 정신을 우리가 보유할 수 있는 최고의 도구로 만든다. 이건 도구다. 쓰기 쉽고 간단한 도구. 사용법을 잘 배워두면 그때그때 원하는 결과를 얻기 위한 기분과 방향을 선택할 수 있다.

인간은 하루에 약 6만 개의 생각을 한다. 단 하루에! 6만 개의 생각 중 95퍼센트는 반복되는 생각이다. 그러니까 매일 똑같은 생각을 하고 또 한다는 얘기다. 매일 머릿속에서 반복되는 생각에 더 많은 권한을 행사하고 싶지 않은가? 그래서 의도적으로 생각하는 방법을 배우는 게 그 어느 때보다 중요하다.

본인의 감정을 통제할 수 있다는 것은 얼마나 놀라운 일인가.

말 그대로 놀랍기 그지없다.

"대단하네요, 트레이시. 하지만 이 사람들은 당신과 상담하면서 많은 도움을 받았어요. 만약 교통 정체에 걸리거나, 남편이 전화도 하지 않은 채 늦게 오거나, 상사가 내 승진을 거절하거나, 잠재고객이 날 고용하지 않을 때는 어떻게 해야 하죠? 상황이 좋지 않은데 어떻게 행복할 수 있겠어요?" 무슨 말인지 안다!

바로 이 지점에서부터 우리 내면의 힘이 구체화되기 시작한다. 당신도 틀림없이 이런 내면의 힘을 갖고 있다. 지금 읽고 있는 정보를 활성화시켜서 사용하는 것도 당신에게 달려 있다.

갇힌 정신과 강화된 정신

갇힌 정신과 강화된 정신의 차이를 살펴보자. 이것은 '선택'을 통해 생각을 변화시킬 힘이 있다는 것을 보여주는 가장 좋은 방법이다.

갇힌 정신

갇힌 정신 모델에는 사건, 그러니까 벌어진 일이 존재한다. 사건이 발생하면 자동으로 가장 강한 신경경로를 통해 감정에 직접적으로 접근하게 된다.

강화된 정신

강화된 정신 모델에도 사건이 존재하고 그것 때문에 감정을 느끼게 되지만, 그 사이에 의식적인 결정을 내리는 단계가 있다. 사건에 관한 생각과 의미를 선택하는 것이다. 이 중간 상자에 내면의 힘이 존재한다.

그리고 이제 다들 알겠지만, 생각을 바꾸면 감정도 바뀐다.

갇힌 정신 상태로 살아가고 있을 때는 다른 운전자가 우리 앞으로 끼어들면 금세 벌컥 화가 난다. 사건이 우리를 곧장 감정으로 인도한다.

강화된 정신으로 살아갈 때는 다른 운전자가 앞에 끼어들면 선택을 하게 된다. '아무 일도 없어야 할 텐데. 어쩌면 저 사람 가족에게 급한 일이 생겨서 서둘러야 하는 걸 수도 있어'라고 생각하

생각의 지배를 받지 않고 직접 생각을 다스릴 준비가 되었는가?

면 곧 기분이 좋아지고 마음이 차분하게 가라앉는다.

의미 선택

생각보다 의미가 먼저 존재한다.

사실 모든 것에는 본질적으로 의미가 없다. 곰곰이 생각해보면 어떤 대상이 무언가를 의미하도록 하기 전까지는, 우리가 거기에 의미를 부여하기 전까지는 어떤 것에도 의미가 없다.

여기까지는 이해가 되는가? 좋다.

같은 회사에서 오랫동안 일한 니콜은 승진할 준비가 되어 있다. 그녀는 모든 조건을 충족했고 충실한 직원이었으며 수많은 저녁과 주말을 회사에 바친 만큼 이 기회를 놓칠 수 없었다. 지원 절차는 형식적인 것 아니겠는가? 니콜은 미소 띤 얼굴로 면접을 마쳤고 자기가 그 자리를 얻을 것이라고 확신했다.

"대체 이게 무슨 일이람?" 니콜은 친한 친구에게 전화를 걸어 고래고래 소리를 질렀다. "어떻게 다른 사람한테 그 자리를 줄 수가 있어? 정말 뒤통수를 맞은 기분이야. 그래, 이 회사를 그만둬야겠어. 회사생활은 이제 지긋지긋해. 내가 승진할 자격이 없다고 생각하는데 여기 계속 머무를 이유도 없지 뭐."

니콜에게 자격이 없다고 말한 사람은 아무도 없다. 그건 본인이 이 상황에 부여한 의미다.

니콜은 여러 가지 의미를 부여할 수 있다. 승진해서 책임이 늘어나면 회사에서 더 많은 시간을 보내야 할 텐데, 그러면 꼭 쓰고 싶었던 책을 쓸 시간이 없을 것이다. 그 자리로 승진한 사람은 새로운 관점을 가지고 있는데, 니콜은 오랫동안 똑같은 방식으로 일해왔기 때문에 이번이 다른 업무 방식을 배울 좋은 기회가 될 것이다. 또 조만간 니콜의 집과 가까운 회사에서 보수도 높고 조건도 더 좋은 일자리 공고가 나올 예정인데 이제 고맙게도 마음 편히 그 자리에 지원할 수 있다. 생각을 바꾸는 게 얼마나 쉬운지 알겠는가?

질의 파트너는 집에 늦게 돌아와 저녁식사를 망쳤으면서도 사과할 기색을 보이지 않았다. 분노의 토네이도가 치솟았다. "늦는다고 전화할 생각도 하지 않았잖아. 이것만 봐도 당신이 날 얼마나 존중하지 않는지 알겠어."

생각의 지배를 받지 않고 직접 생각을 다스릴 준비가 되었는가?

하지만 질에게 실제로 그렇게 말한 사람은 없다. 질은 파트너와의 의사소통 부족 문제에 상대가 자신을 무시한다는 의미를 덧붙였다. 하지만 지금 그녀는 파트너가 늦은 이유를 전혀 모르는 상태다. 개인적으로 심각한 문제가 생겼을 수도 있고 휴대폰을 잃어버렸거나 기차가 연착됐을 수도 있다. 질이 분노하는 이유는 본인이 이 사건에 부가한 의미 때문이지 다른 이유 때문이 아니다.

주입된 의미는 진실이 아니다. 다시 말하지만, 주입된 의미는 진실이 아니다.

　

이혼한 제니에게는 자녀가 두 명 있다. 그녀는 아이들을 위해 전남편과의 관계가 좋아지기를 바라지만 상황이 갈수록 악화되는 것 같아 어찌할 바를 모르고 있다.

전남편에게 문자 메시지를 보내야 하는 상황에 처한 제니는 초조한 기분으로 전송 버튼을 눌렀다. 전남편은 항상 휴대폰을 들고 다니기 때문에 그가 메시지를 바로 읽으리라는 건 알고 있었다. "화요일 오후에 아이들 치과 예약이 잡혀 있는데 시간상 내가 못 갈 것 같아. 당신이 가줄 수 있겠어?"

하지만 24시간이 지나도록 응답이 없다.

"그 사람은 그냥 날 화나게 하려고 이런 짓을 하는 거예요.

내가 업무 일정을 잡아야 하는데 그가 도와주지 않으면 화가 치민다는 걸 알거든요. 아마 그 사람은 날 비웃으면서 내가 다시 문자를 보내 물어보길 기다리고 있을 거예요. 내가 얼마나 참을성이 없는지 지적하려고요. 이렇게 날 무시하다니, 어떻게 감히 그럴 수 있죠? 그 나쁜 놈이랑 이혼한 것도 당연해요. 아, 지금 그 사람한테서 전화가 왔네요."

전화를 받은 제니는 마구 퍼부어댔다. "이제야 전화를 하다니, 다 집어치워! 어제 대답을 해줬어야지. 아빠 역할도 제대로 못하는 무능한 당신 때문에 일주일치 업무 일정을 전부 다시 조정해야 했다고. 앞으로는 당신이 아무리 원해도 주말 일정 절대 안 바꿔줄 거야. 아이들이 당신을 필요로 할 때 옆에 있어 줄 수 없다면 그냥 아예 없어도 돼."

"제니, 어제 전화기를 변기에 빠뜨렸다는 얘기를 하려고 전화했어. 새 휴대폰을 사려고 점심시간을 이용해 시내에 나온 거야. 그리고 너무 늦은 게 아니라면 당연히 아이들을 치과에 데려갈 수 있지."

"아······."

여기에는 숨겨진 의미도, 의도도 없고 단지 변기에 빠진 휴대폰만 있을 뿐이다.

실제로 힘을 쥐고 있는 건 우리의 생각이다. 그리고 의미가 생각을 뒷받침한다.

지옥의 토끼굴

우리의 마음을 도구로 활용할 수 있다는 걸 달리 생각하면 의미를 만드는 이 기계를 경계해야 한다는 뜻이기도 하다. 제대로 인식하고 감시하지 않으면 하루 종일 원치 않는 의미를 만들어낼 수도 있다. 무슨 일이 일어나고 있는지 잘 모르면 오히려 우리 힘을 빼앗는 의미를 만들 가능성이 높다.

- 나는 그 행사에 초대받지 못했다. 그들이 날 좋아하지 않는 게 분명하다.
- 딸이 최근에 본 시험 성적이 좋지 않았다. 기말고사에서 낙제할 게 틀림없다.
- 회사에서 해고당했다. 내가 부족한 점이 많아서인가 보다.
- 점심 회의가 길어지고 있다. 그들이 내 시간을 존중하지 않는다는 뜻이다.
- 데이트했던 남자가 다시 만나자는 말을 하지 않는다. 내게

뭔가 문제가 있다는 뜻이겠지.

그야말로 지옥의 토끼굴이다. 다들 알다시피 어떤 것에 의미를 부여해서 그게 머릿속에 자리잡으면, 뇌는 자동으로 그 생각이 옳다는 것을 증명할 다른 생각을 찾는다. 그러면 어느새 지옥의 토끼굴로 빠져들게 된다.

예를 하나 살펴보자. "딸이 최근에 본 시험 성적이 좋지 않았다. 기말고사에서 낙제할 게 틀림없다." 이 토끼굴은 이렇게 생겼다. '딸이 시험을 정말 못 봤는데 수능까지 망치면 어떡하지? 망칠 게 틀림없어. 그 애는 시험에 자신감을 가져본 적이 없으니까. 공부를 도와줄 가정교사를 진작에 구했어야 하는데. 맙소사, 대학에 못 가면 어떡하지. 걔는 뭘 하면서 살게 될까? 내가 딸을 영원히 부양해야 하는 상황이 생기면 어쩌지? 아, 속이 울렁거리네. 좀 누워야겠어.' 무슨 말인지 알겠는가?

당신이 내 말을 제대로 이해했는지 확인하기 위해 예를 하나만 더 살펴보자.

"점심 회의가 길어지고 있다. 그들이 내 시간을 존중하지 않는다는 뜻이다." 이 토끼굴은 다음과 같은 모습이다. '상사가 나를 존중해주지 않아. 사람들이 내 시간을 존중하지 않는 게 싫다고. 왜 정해진 시간을 지키지 못하는 걸까? 너무 무례하고 남에 대한 배려가 없어. 배려 없는 걸로 말하자면, 남편도 하루 종일 아무 연락이 없네. 정말 짜증나는 인간이야.'

당신이 지금 웃는 건 이게 사실이라는 걸 알기 때문이다.

우리 마음은 우리가 원한다고 생각하는 일을 한다. 그래서 어떤 의미를 주입하면 곧바로 그 의미가 주도적인 생각이 된다. 그러면 마음은 그 주도적인 생각을 지침으로 받아들여서 그것과 함께 내달린다! 위의 사례에서는 존중받지 못한다는 기분을 느끼게 하는 예시나 생각을 찾으면서 지옥의 토끼굴로 빠져든다.

지금 느끼는 감정과 다른 감정을 느끼고 싶다면 의미와 생각을 신중하게 선택해야 한다. 그래야 토끼굴에서 벗어날 수 있다.

다행히 본질적으로 모든 것에는 의미가 없기 때문에 선택 가능한 길이 몇 가시 있다. 무의미한 상태로 살아갈 수도 있다. 아니면 이즈니스is-ness(현재 상태)라는 게 있다. 이걸 간단히 IS라고도 한다. 이건 좋지도 나쁘지도 않고, 힘을 실어주지도 빼앗지도 않는, 그냥 있는 그대로의 상태를 말한다.

이즈니스 소개

세상 모든 것은 본질적으로 중립적이며 의미가 없다. 그냥 존재

하는 것뿐이다. '그건 원래 그런 거지 뭐it is what it is'라는 유명한
클리셰를 떠올려보자. 우리가 얘기하는 것이 바로 그것이다.

　이즈니스는 본질적인 의미 없음을 가리킨다.

　어떤 상황에서든 당신은 힘을 주는 의미를 만들어서 주입할 수
도 있고, 힘을 빼앗는 의미를 선택할 수도 있다. 자유와 내면의
평화를 원한다면 무의미 쪽을 선택하는 것을 강력히 권한다. 중
립을 유지하면서 이즈니스 안에서 살아가는 것이다.

　무의미를 실천하기 위해 해야 할 일은 의미를 주입하는 습관을
버리는 것뿐이다.

　다음과 같은 경우를 생각해보자.

- 비가 올 때 우리는 그 이유를 묻지 않는다. 비가 오는 건 그
  냥 벌어진 일이고, 하늘과 구름이 때때로 하는 일이다.

- 새가 날아가는 모습을 봐도 "새가 왜 날고 있는 거야? 왜 내
  게서 멀어지려고 하는 거야?"라고 묻지 않는다. 그냥 새들이
  날고 있다는 사실을 받아들일 뿐이다.

- 우리는 꽃이 자라는 모습을 보는 걸 좋아하지만 그 이유에
  의문을 제기하지 않는다. 꽃이 자라는 건 그냥 그들이 하는
  일이다. 우리는 그 사실을 받아들일 뿐 이유를 고민하거나
  하지 않는다.

어떤 일에 의미를 부여하거나 부여하지 않는 방식을 보여주는 시각자료를 준비했다. 몇 가지 예를 살펴보자.

이걸 보면 본인이 만든 의미를 바꾸는 게 얼마나 쉬운지 알 수 있다.

현재 본인이 처한 상황이나 사건을 가운데 열에 배치한다.

사실 어떤 상황이든 그 자체로는 아무 의미도 없고 앞으로도 그럴 것이다.

그런 다음 거기에 힘을 빼앗거나 힘을 실어주는 의미를 주입하는 방법을 살펴보자.

힘을 빼앗는 생각	이즈니스	힘이 되는 생각
나를 전혀 존중하지 않아. 너무 짜증나!	섬심 회의가 길어지고 있다.	팟캐스트를 들을 수 있는 시간이 늘어났네.
걔는 이번 학기에 낙제할 거야. 맙소사.	딸이 시험에서 나쁜 성적을 받았다.	별일 아니야. 이번 일로 교훈을 얻고 다음에 더 잘하겠지.
내 능력이 생각보다 별로면 어쩌지? 내 사업이 잘 안 되고 있잖아.	잠재고객이 나를 고용하지 않았다.	고객이 자신에게 딱 맞는 업체를 찾으리라는 걸 알고 있었어. 나한테도 괜찮은 고객이 더 많이 찾아올 거야.
내게 뭔가 문제가 있는데 그게 뭔지 절대 알아내지 못할 거야.	데이트한 남자가 전화를 안 한다.	그 사람만 손해지! 난 정말 멋진 여자니까.

모든 게 중립적일 수 있는 이유는 실제로 모든 게 중립적이기 때문이다. 어떤 대상이 뭔가를 의미하도록 하기 전까지는 그 어떤 것에도 의미가 없다.

가볍고 편안한 기분을 느끼면서 외부 상황에 전혀 영향을 받고 싶지 않은가? 그렇다면 이즈니스를 선택하자.

활기찬 생각

생각이 현실을 창조한다는 사실을 증명하는 보편적인 법칙이 두 가지 있다.

1. 우리는 모두 에너지로 구성되어 있다.
2. 에너지는 자기와 같은 에너지를 끌어당긴다.

인간은 원자, 분자, 세포로 구성되어 있다는 사실을 기억하는가? 당신은 아주 똑똑하니까 기억할 것이다! 하지만 원자, 분자, 세포의 내부 작용을 깊이 파고들어 보면 거기에 아무것도 없다는 사실, 유형의 물질은 전혀 없다는 사실을 알게 된다. 거기서 발견할 수 있는 것은 에너지, 특정 주파수로 진동하는 에너지의

생각의 지배를 받지 않고 직접 생각을 다스릴 준비가 되었는가?

파동뿐이다.

우리는 에너지다.

인생을 바꾸고 싶다면 이제 의도적으로 생각하기 시작해야 한다. 고차원적인 감정을 느끼면 에너지도 동시에 고조된다. 고차원적인 감정은 더 높은 주파수로 진동하기 때문이다.

생각은 에너지를 전달한다. 에너지는 주파수이자 진동이며, 그 진동이 우리가 세상에 존재하는 방식을 결정한다. 수준 낮은 생각을 하면 낮은 주파수에서 작동하고 수준 높은 생각을 하면 높은 주파수에서 작동하는 것이다.

우리의 주파수는 같은 주파수에 해당되는 것들을 끌어당긴다.

좌절감, 부정적인 기분, 분노, 실망, 스트레스를 느끼면 우리 삶 속에 이와 똑같은 것들이 더 많이 끌려 들어올 것이다.

행복하고 즐겁고 낙관적인 기분을 느끼면 우리 삶에 이런 좋은 기분이 더 많이 찾아올 것이다.

그건 본인이 선택하는 것이다.

즐거운 집중과 주의

집중력focus과 주의력attention에 대해 얘기하지 않고서는 정신력을 논할 수 없다. 나는 이걸 FA의 힘이라고 부르는데 우리가 원하는 대로 이용할 수 있는 정신적 숙달의 또 다른 요소다.

우리가 매일 무엇에 집중하고 어디에 주의를 기울이는지가 중요하다. 주의를 기울이는 곳으로 에너지가 흐르기 때문이다.

지금까지는 자신이 집중하는 대상과 그것에 집중하는 이유가 매우 중요하다는 사실을 깨닫지 못했을 수도 있다. 하지만 이것이야말로 원하는 삶을 만들기 위한 핵심이다.

미래에 집중하면서 관심을 쏟는다면 미지의 세계로 들어서게 되므로 불안과 걱정이 들 것이다. 과거에 집중하면서 거기에 관심을 쏟는다면 바꿀 수 없는 것에 매달려 회한과 우울을 겪게 될지도 모른다.

우리가 주의를 기울이는 곳에 에너지가 집중된다. 어떤 것에 관심을 많이 쏟을수록 그것이 우리 삶 속에 더 많이 생긴다. 심한 스트레스, 배우자와 최근에 벌인 말다툼, 아직 벌지 못한 돈 등에 관심과 주의를 기울인다면 그런 것들이 점점 늘어날 뿐이다. 내 말 이해했는가? 똑같은 게 점점 늘어나는데 그게 당신이 원하는 것인가?

이건 과학적인 사실이니까 회의론은 잠시 접어두도록 하자. 믿기 싫겠지만 진짜다.

"트레이시, 더 이상 못 참겠어요. 도저히 감당이 안 돼요."

전화를 받자마자 대뜸 이런 말이 들려왔다. 전화를 건 마리라는 내담자는 몹시 흥분한 상태였다.

"딸의 태도가 우리 가족을 망가뜨리고 있어요. 딸을 어떻게 대해야 할지를 놓고 남편과 싸웠는데, 어떤 방법을 써봐도 딸의 행동은 나아지지 않고 점점 더 나빠지기만 해요."

"그러니까 지금 문제에 집중하고 있다는 얘기죠. 어떻게 해야 상황을 바꿀 수 있을지 어디 한번 보죠." 나는 이렇게 말을 시작했다.

"달리 집중할 게 뭐가 있겠어요? 그 애는 낯선 사람처럼 변해가고 있고 행동은 정말 수치스러울 정도예요. 우리는 애를 그렇게 키우지 않았어요. 정말 힘든 상황이라고요. 진 항상 죄책감을 느껴요. 내가 부모로서 뭔가 잘못한 게 틀림없어요. 원래도 성격이 급한데 날이 갈수록 더 심해져서 애와 끊임없이 말다툼을 벌이느라 우리 집은 악몽 같은 공간이 되고 있어요."

"딸이 오늘 아침에 한 긍정적인 일을 말해보세요." 나는 틀림없이 뭔가 있을 거라고 확신하면서 물었다.

"긍정적인 일이요?" 마리는 웃음을 터뜨렸다. "농담하시는 거예요?"

"오늘 아침에 있었던 일들을 생각해보세요. 그리고 딸이 한 긍정적인 일을 한 가지만 말해줘요." 나는 끈질기게 물었다.

"내 생각엔 걔가 동생을 도와줬던 것 같아요. 학교에 가기 전에 동생 신발끈 묶는 걸 도와줬는데 그런 다음 식탁에 주스를 쏟고는 치우는 걸 거부했어요."

"동생을 도와줬다고요? 아주 착하네요. 딸에게 도와줘서 고맙다고 말했나요?"

"음, 아니요. 난 그 애가 난장판으로 어질러놓은 걸 치우느라 너무 바빴거든요."

그 순간, 마리의 말투가 부드러워지기 시작하면서 자기가 어떤 행동을 했는지 되돌아보았다. 딸이 저지른 문제 행동에만 주의를 기울이느라 긍정적인 행동을 놓쳤던 것이다.

"당신은 항상 자신이 보고자 하는 모습만 보게 될 거예요. 원래 그런 법이거든요. 좌절감이나 문제에 집중하면 그런 것들만 많이 보게 되니까 상황이 점점 악화될 수밖에 없죠." 나는 설명을 이어갔다. "당신은 오늘도 끔찍하고 실망스러운 아침을 보내게 되리라고 예상하면서 일어났을 거예요. 그래서 어떤 일이 일어나기도 전에 스트레스를 받고 신경이 곤두서 있었죠. 그런 부정적인 에너지는 겉으로도 드러나기 때문에 모든 사람에게 영향을 미쳐요. 무심코 딸의 '끔찍한 행동'을 겪

게 될 거라고 예상하면서 기다리고 있으니까 실제로 그런 행
동이 생기는 거예요. 태도를 바꿔서 딸의 긍정적인 면에 집중
한다면 기분이 어떨까요? 가볍고 행복한 기분으로 일어나 음
악을 들으면서 행복하고 즐거운 아침을 기대한다면요?"

"좋은 생각이네요. 생각만 해도 기분이 좋아져요." 마리는 이
렇게 말했다. 그리고 내가 말한 대로 실행에 옮겼다. 며칠 뒤
그녀의 목소리가 어떻게 달라졌는지 지금도 기억난다.

"이건 마법이에요. 정말 마법에 걸린 기분이랍니다. 우리 집
아침 분위기가 얼마나 좋아졌는지 놀라울 정도예요. 애정이
넘치고 평화로워요."

집중하고 주의를 기울이는 부분을 바꾼 덕분에 나리는 딸이 내
일 보여주는 긍정적인 행동을 모두 알아차릴 수 있게 되었다. 이
를 통해 집 안의 에너지까지 바꿨었고 가족 모두와의 유대감도
더욱 깊어졌다. 그리고 이런 좋은 부분에 관심과 주의를 기울이
니까 좋은 일들이 점점 더 늘어났다.

우리는 자신이 보고자 하는 것을 보게 된다. 터무니없을 정도
로 단순한 이 현상은 전부 망상체 활성화 시스템RAS 때문이다.
이 뇌 부위는 우리가 기대한 것을 보게 해준다.

오감 중 네 가지 감각은 RAS에 직접 입력된다(후각은 뇌의 감정

중추에 연결되어 있으므로 이 RAS 섹션에서 거론되지 않는다). RAS는 우리가 감당할 수 있는 것보다 더 많은 정보를 처리할 필요가 없게 해주는 마음의 필터다. 짐작하겠지만 그건 현대 사회에 매우 적합한 기능이다. 그리고 우리가 진실이라고 인식하는 것에 중요한 역할을 한다. 우리가 꼭 봐야 할 중요한 것이 무엇인지 결정하고 의식적인 마음이 받아들이는 정보를 걸러내는 문지기 구실도 한다. RAS는 나이트클럽 경비원과 비슷하다.

그렇다면 RAS는 우리에게 중요한 게 무엇인지 어떻게 알 수 있을까? 우리가 보고 싶어 하는 게 무엇인지 어떻게 알까?

무의식적으로 아는 것이다. 무의식의 첫 번째 필터는 전부 안전과 생존에 관한 것이지만, 그 너머에서는 잠재의식 프로그래밍, 떠오르는 생각, 주의 깊게 집중하는 대상을 통해 RAS에 지시를 내리고 있다. 따라서 관심을 집중할 대상을 선택하는 것이 중요하다. RAS는 우리 생각이 기대하라고 지시하는 것만 기대한다.

그것은 우리 요구에는 관심이 없고, 무엇이 진실이고 무엇이 도움이 되는지도 따지지 않는다. 그냥 우리 생각을 바탕으로 움직일 뿐이다. 화가 나 있으면 화낼 일을 더 많이 찾아내고, 압도감을 느끼면 그런 기분을 안겨주는 일을 더 겪도록 한다. 걱정에 잠겨 있으면 걱정할 일이 더 많아진다. 무슨 말인지 이해가 될 것이다.

이건 현실에서도 작용한다. 당신이 새 차를 원하고 새 차를 살 자격이 충분하다는 판단을 내렸다고 가정해보자. 사고 싶은 차는 흰색 지프Jeep다. 몇 주 동안 차를 여러 대 시운전해보고 인터넷에서 거래가를 확인하고 <지프> 잡지까지 구독했다. 그야말로 온 정신이 여기에 쏠려 있다. 그랬더니 어느 순간부터 사방에서 그 차가 보이기 시작했다. 차를 몰고 도로에 나설 때마다 흰색 지프가 눈에 띄는 것이다. 깜짝 놀란 당신은 친한 친구에게 전화를 걸어 이렇게 말한다. "내 말이 안 믿어지겠지만 오늘 하루에만 흰색 지프를 여섯 대나 봤어. 이건 틀림없는 계시야. 우주 전체가 내가 지프를 사길 바라고 있다는 신호라고!"

음, 아니, 그렇지는 않다. 하지만 RAS가 잘 작동하고 있다는 걸 확인한 건 축하한다. 그건 흰색 지프를 사야 한다는 우주의 신호가 아니라 집중하는 대상이 바뀐 결과다.

당신이 주의를 집중하는 대상이 이야기에 포함되었고, 그 이야기가 다시 집중하는 대상과 연결된 것이다.

사람에게는 누구나 자기만의 이야기가 있다. 그건 기본적으로 우리의 믿음과 생각이 하나로 뭉쳐진 집합체다. 우리는 자신의 이야기 속에서 살아가고 있고, 그 이야기는 비록 사실이 아니더라도 우리의 진실이 된다. 여기서 말하는 이야기는 우리에게 평생 영향을 미치는 크고 중요한 이야기다.

- 나는 정말 힘든 어린 시절을 보낸 탓에 지금도 모든 게 힘들다.
- 내 동생은 똑똑하지만 난 그렇지 못하다. 난 결코 성공하지 못할 것이다.
- 감정적인 부분이 내 약점이다. 하지만 난 강하고 남의 도움 없이도 일을 처리할 수 있으니까 괜찮다.
- 나를 진심으로 좋아하는 사람은 아무도 없다. 나는 예쁘지 않다. 그러니 나와 결혼하려는 사람을 만나지 못할 것이다.

우리는 자신의 기본적인 인생 이야기를 바탕으로 자기 삶에 그때그때 일어나는 일과 관련된 챕터를 만든다.

- 상사가 내게 앙심을 품고 있다.
- 아이가 식구들을 모두 미치게 한다.
- 내가 꿈꾸던 사업을 시작하면 모두들 나를 비판할 것이다. 내가 사업을 운영할 자격이 있느냐면서 말이다.
- 남편이 바람을 피운 건 내가 부족한 사람이라서다. 이혼은 내 잘못이고 내 인생은 끝났다.

우리는 자신의 이야기가 진실이라고 믿기 때문에 항상 그 이야기에 부응하는 삶을 살게 된다. 그 부분에 관심을 집중하므로 그 것만 눈에 보이는 것이다.

이것에 거부감을 느끼는 것도 이해한다. 문제는 이게 선택 사 항이 아니라는 것이다. 그건 우리 뇌가 작동하는 방식, 과학이 작동하는 방식, 우주가 작동하는 방식이다. 이것이 팩트다.

이런 이야기의 좋은 점은 언제든 원할 때는 새로운 이야기를 만들 수 있다는 것이다. 실제로 살고 싶은 삶, 자신의 무한함, 힘, 경이로움을 뒷받침하는 이야기를 다시 쓸 수 있다.

초점과 관심 전환

이제 초점과 관심을 전환해야 할 때다.

높아진 자각 능력을 활용해서 본인이 평소 관심 있는 곳에 주 의를 기울이기 시작하자.

실 습 과 제

· 휴대폰에 하루에 몇 번씩 다음과 같은 알림 메시지가 뜨도

록 설정해놓자. '지금 무엇에 집중하고 있는가? 어디에 주의를 기울이고 있는가?'

· 자기가 무엇에 집중하고 있었는지 알면 놀랄 것이다. 솔직히 말해서, 우리 마음은 제멋대로 하도록 방치하면 안 된다.

· RAS를 이용해서 게임을 해보면 RAS의 힘을 느낄 수 있다. 어떤 색이든 색을 하나 고른다. 지금부터 48시간 동안 그 색에 대해 계속 생각하면서 주변에 주의를 기울여보자. 주변에 그 색상의 물건이 많은데도 지금까지 알아차리지 못했다는 사실에 놀라게 될 것이다. 이 실험을 꼭 한번 해보기 바란다.

마음과 몸에 관한 이야기

잠시 시간을 내서 몸과 마음에 관련된 중요한 사실을 알려줘야겠다. 우리 몸과 마음은 하루 종일 서로 이야기를 나눈다. 몸과 마음은 연결되어 있다. '그야 당연하지'라고 생각할 수도 있지만 사실 그렇게 명백하지는 않다. 이런 사실을 모른 채 살아가는 이들이 너무나 많기 때문이다.

스트레스와 압박감을 훈장처럼 달고 다니고 사기를 꺾는 생각을 많이 하는 사람은 피로에 지쳐 탈진하게 될 것이다. 우리는 자기 인생의 피해자도 아니고 자신 자신의 피해자도 아니다. 스트레스, 부정적인 생각, 압도감 속에서 살아야 한다고 강요받지도 않았다. 너무 빨리 움직이고 너무 법석을 떠느라 자신을 위한 시간을 내지 못한 것도 남의 탓이 아니다.

이런 것이 어떤 결과를 가져올까? 짐작하겠지만 두통, 편두통, 요통, 몸의 긴장 같은 신체적 질병이다. 이것이 우리의 병폐다. 마음이 내면의 환경을 만들고 이런 내적 환경이 몸 속에 존재하기 때문이다.

자기 마음을 다스리는 것이 그 어느 때보다 중요하다. 그래야 본인에게 도움이 되고, 진정으로 원하고 반드시 누려야 하는 방식대로 삶을 살아갈 수 있다.

마음과 몸이 연결되어 있다는 사실을 제대로 인식하지 못하는 건 말도 안 된다. 우리는 하나의 존재이므로 마음과 몸을 별도의 개체로 취급하는 걸 멈춰야 한다.

뇌는 몸을 관통하는 척추와 연결된 뇌간과 이어져 있다. 우리의 의식적 자각을 넘어서는 모든 생각은 뇌간을 통해 바로 몸으로 전달된다. 이렇게 확실하게 연결되어 있는 것이다.

마인드셋

요새 마인드셋이라는 말이 자주 들리는 것도 이런 이유 때문이다. 마인드셋은 세상을 바꿀 단어이며 이미 상당 부분 바꿔놓기도 했다.

마잇드셋이란 우리가 어떤 사물이나 상황에 대해 생각하고 믿는 바다.

MIND-SET이라는 단어 형태를 보자. 우리 마음은 그것이 '세팅'되어 있는 상태대로 될 것이다. 뭔가를 아무리 간절히 원하더라도 마음이 정한 것을 능가하지는 못한다. 사실 그런 절박함 때문에 원하는 것을 이루기가 더 힘들어진다.

자동차 엔진의 조절기를 생각해보자. 속도계에는 자동차가 최대 속도까지 올라간 것으로 표시되지만, 가속페달을 힘껏 밟았을 때 실제로 최대 속도를 넘지 않는 것을 본 적이 있는가? 물론 대부분의 사람들은 자동차 속도를 최대치까지 올리려고 시도해본 적이 없겠지만 내 말은 이게 사실이라는 것이다. 엔진에는 자동차 속도를 제한하고 지나친 과속을 막는 조절기가 있다. 조절기의 설정값보다 빨리 달릴 수는 없다. 가속페달을 얼마나 세게 밟든, 더 빠른 속도를 얼마나 간절히 원하든 그런 건 중요하지 않다. 아무리 바라도 그런 일은 일어나지 않을 것이다.

생각의 지배를 받지 않고 직접 생각을 다스릴 준비가 되었는가?

우리도 마찬가지다. 우리는 사실 무한한 존재다. 우리는 누구도 막을 수 없는 무한한 잠재력을 지니고 있다. 그러나 자기 자신과 자기 삶을 발전시킬 능력을 제한하는 마인드셋을 가지고 있는 게 문제다. 이런 마인드셋을 바꾸기 전까지는 인생을 바꿀 수 없다.

본인의 마음을 가장 훌륭하고 놀라운 도구로 활용해야 원하는 목표 지점에 다다를 수 있다는 뜻이다.

보이지 않는 것 다스리기

가장 중요한 사실은 자신의 생각을 볼 수 없다는 것이다. 생각은 눈에 보이지 않는다.

보이지 않는 생각, 머릿속에서 일어나는 마법을 다스리려면 본인의 감정을 인식해야 한다. 감정은 자기가 무슨 생각을 하는지 보여주는 안내 시스템이다.

스트레스를 느낀다면 스트레스가 심한 생각을 하고 있다는 뜻이다. 기분이 나쁘고 우울하다면 좋지 못한 생각을 하고 있는 것이다. 불안한 기분이 드는 건 불안한 생각을 하고 있기 때문이다.

다음의 마인드셋 도구 두 가지를 연습하면 눈에 보이지 않는 생각을 다스릴 수 있을 것이다.

- 본인이 생각하는 걸 모두 믿지 말자.
  - 지금 자신이 원하는 감정을 느끼고 있지 않다는 걸 깨달아야 한다.
  - 잠시 하던 일을 멈추고 심호흡을 한 다음 머릿속으로 들어가서 그 감정을 자아낸 생각이나 진술을 찾는다.
  - 그 생각을 종이에 적는다.
  - 지금 종이에 적은 생각을 가만히 살펴본 다음 소리 내어 읽는다.
  - 이제 당신과 당신의 생각은 다르다는 사실을 분명히 알 수 있다. 그 생각은 더 이상 당신의 일부가 아니다. 외부에 있는 생각을 읽으면서 그 생각을 관찰하고 있다. 따라서 그 생각은 당신이 아니다.
  - 이제 그 생각에 질문을 던져야 한다. 질문은 의도적으로 생각하는 기술을 키우는 과정에서 꼭 필요한 부분이다.
- 이 생각에 집착하는 나는 누구인가?

생각의 지배를 받지 않고 직접 생각을 다스릴 준비가 되었는가?

- 이런 생각이 들 때 나는 어떻게 행동하는가?
- 이 생각이 평화로운 기분을 안겨주는가, 아니면 스트레스를 주는가?
- 이 생각을 믿으면 어떤 대가를 치러야 하는가?
- 이 생각이 내게 어떤 도움을 주는가?
- 이 생각을 접어야 하는 이유를 아는가?
- 이 생각을 버리는 나는 누구인가? [이 질문 과정은 생각에 질문을 던지는 작업의 선구자인 바이런 케이티(Byron Katie)에게 영감을 얻었으며 그의 작업을 기반으로 한다.]

• 이제 선택할 시간이다. 그 생각을 계속 유지할 수도 있고 버릴 수도 있다. 계속 유지하기로 결정했다면 말 그대로 머릿속에 다시 새긴 다음 적극적으로 반복해야 한다. 하지만 시간을 가장 잘 활용할 수 있는 방법 같지는 않다.

이건 잘만 하면 인생을 변화시킬 수 있는 매우 강력한 과정이다. 자신에게 도움이 되는 생각을 선택하고 머리에 떠오르는 생각을 모두 믿지는 말자.

• 생각을 공급하자 – 양면적 생각
  – 종이에 세로로 선을 긋는다.

- 왼쪽 상단에는 "내 머릿속 생각"이라고 적고 오른쪽 상단에는 "실제로 하는 말"이라고 적는다.
- 왼쪽에는 머릿속에 떠오르는 나쁜 생각을 다 쏟아낸다. 전부 다. 그런 다음 심호흡을 하고 안 좋은 것들을 몸에서 다 털어낸다.
- 그런 다음 오른쪽으로 가는데 여기는 의도적으로 생각하는 공간이다. 자신이 원하는 감정, 하고 싶은 일, 그 순간 되고 싶은 사람에게 적합한 생각을 선택하는 곳이다. 원한다면 새로운 신경경로라고 불러도 된다.

양쪽 내용을 보면 사실상 다른 사람이 쓴 것처럼 느껴질 것이다. 이 실습을 계속 하다 보면 자신과 자신의 마음은 다르다는 걸 절감하게 될 것이다. 우리는 마음을 책임지는 감독이다.

우리 함께 '가치 있는 인간 만트라'를 되뇌어보자.

나는 가치 있는 사람이다. 나는 괜찮은 사람이다. 나는 강한 사람이다. 나는 원하는 걸 선택할 수 있다.

생각의 지배를 받지 않고 직접 생각을 다스릴 준비가 되었는가?

자신의 영혼을
죽이는 일을
포기할 준비가 되었는가?

이 책을 쓰기로 결심했을 때, 독자들에게 가장 확실한 방법으로 도움을 주려면 내가 '인생의 거머리'라고 부르는 문제를 다뤄야 한다는 걸 깨달았다.

　'인생 거머리'란 우리의 에너지를 빨아가고, 빼앗고, 마땅히 누려야 할 행복과 기쁨, 성공에서 멀어지게 하는 행동과 습관을 의미한다.

　안타깝게도 이 행동과 습관은 우리가 스스로 선택했기에 우리 곁에 있는 것이다. 하지만 원한다면 언제든 '인생 거머리'를 없앨 수 있다. 이제 '근본적인 개인적 책임'에 정통할 테니까 무엇을 해야 할지 정확히 알고 있을 것이다.

　이 길을 내달리기 전에 먼저 안전벨트를 잘 매고 안전바를 단단히 잡아야 한다. 그리고 '인생 거머리'를 하나씩 확인해야 그걸 제거하겠다고 결심할 수 있다. 그러면 금세 주파수가 높아져서 진정한 자아에 가까워지고 행복감도 커질 것이다.

인생 거머리 1 - 통제

"모든 것을 통제하려고 하면 아무것도 즐길 수 없다는 걸 깨달았다." – 작자 미상

자존심 강한 통제광들은 주변의 모든 걸 통제하려는 욕구에서 벗어나라고 하면 마치 행복을 포기하라고 말하는 것처럼 받아들인다. 하지만 장담하는데, 그렇게 해도 아무 일도 없을 것이다. 아니, 그냥 아무 일도 없는 수준을 넘어 지금보다 훨씬 나아질 것이다.

웹스터Webster 사전의 정의에 따르면 통제란 "사람들의 행동이나 사건이 진행되는 과정을 총괄하는 힘"이라고 한다. 이 책을 쓰기 전까지는 이 말의 정의를 찾아본 적이 없는데 솔직히 정의만 읽어도 진이 빠진다. 사람들의 행동이나 사건의 진행 과정을 총괄한다고? 음, 미안한데 혹시 메리 포핀스Mary Poppins 같은 성격이신가요? 아무리 생각해도 스트레스와 부담감이 엄청 심할 것 같은데 말이다.

이건 다른 사람들에 관한 얘기가 아니다. 당신의 통제 욕구가 당신에게 어떤 영향을 미치고 어떤 제약을 가하는지에 관한 것이다.

통제 욕구를 느낄 때는 모든 것이 본인이 원하는 대로 진행되기를 바란다.

모든 걸 통제할 수 있다거나 통제해야 한다고 느낄 때 겪는 스트레스, 긴장, 불안감은 말로 표현할 수 없을 정도로 심하다.

나도 회복 중인 통제광이라서 이 분야에 대해 잘 안다. 내가 통제권을 포기했던 순간이 기억난다. 미혼모가 되었을 때의 일이다. 딸의 양육권을 아이 친부와 공유하면서 공동 육아를 했기 때문에 딸이 내 곁에 없는 시간이 꽤 됐다. 그래서 한동안은 딸이 나와 함께 있지 않을 때 무엇을 하고, 어디에 있고, 무슨 일이 일어나는지 일일이 통제하려고 했다.

어느 날인가는 딸이 내가 정한 취침 시간을 훨씬 넘긴 매우 늦은 시간까지 깨어 있었다. 그 애 아빠 집에서는 다른 규칙을 적용했는데 나는 그게 마음에 들지 않았다. 그의 양육 스타일은 딸에게 훨씬 많은 자유를 허용했는데 그것도 마음에 들지 않았다. 둘 중 누가 옳고 그른 게 아니라 그냥 서로 양육 스타일이 달랐던 것이다. 하지만 통제광인 나는 이 문제 때문에 미칠 것 같았다.

문제는 공동 양육이 아니었다. 딸이 내 옆에 없을 때 일어나는 일까지 전부 통제하고 싶어 하는 게 문제였다. 여담이지만, 이런 건 사실 전혀 중요한 일이 아니었다.

주변 환경이나 상황에 대한 우리의 생각이 문제다.

　　　　자신의 영혼을 죽이는 일을 포기할 준비가 되었는가?

나는 내 의견이 전혀 필요하지 않은 일까지 통제하려고 시도
했다.

여기서 굳이 '시도'라는 단어를 사용한 이유는 실제로 그 어떤
것도 통제하지 못했기 때문이다.

내가 유일하게 성공한 일 자신을 미치게 만든 것뿐이다. 분노
와 좌절에 휩싸였고 통제를 포기했다면 느낄 수 있었을 행복감
을 전혀 느끼지 못했다.

극심한 분노와 좌절, 긴장감을 느끼면서 내가 그런 기분을 원
치 않는다는 것을 깨달았다. 전혀. 영원히.

덕분에 확실한 교훈을 얻었고 지금까지의 내 모습을 반성하면
서 영원히 감사하게 될 결정을 내렸다. 통제를 포기하기로 한 것
이다. 현재 공동 양육 관계에 대한 나의 평온하고 편안한 태도는
경이로운 수준이다.

통제는 평화나 편안함과 반대되는 지점에 있다. 남을 통제할
때는 제약이 생기고 긴장감과 압박감을 느낀다.

실 습 과 제

지금 당장 하던 일을 멈추고 심호흡을 하면서 몸 상태를 확인

하자. 뻣뻣하게 긴장되거나 바싹 죄어드는 기분이 드는가? 아니면 느긋하고 편안한 기분이 드는가? 그런 압박감은 통제 때문에 생긴 것이다. 목과 어깨 주변의 통증과 뻣뻣함이 익숙하게 느껴진다면 통제가 이미 습관화된 것이다.

다들 어느 정도씩은 통제하려는 마음이 있는데 여기에는 그럴 만한 이유가 있다. 모두 통제된 환경에서 자랐기 때문이다. 언제 움직여야 하는지 알려주는 종소리, 우리가 할 수 있는 일과 해서는 안 되는 일을 알려주는 수많은 규칙, 주변 사람들의 끝없는 기대 같은 것이 우리를 통제한다.

통제가 전혀 없는 삶을 상상하면 두려움이 인다. 그런 상황에서는 무슨 일이 일어날까? 사람과 결과를 통제하지 못하면 미지의 세계로 들어서게 된다. 우리 뇌는 낯선 것을 싫어한다. 친숙하게 느껴지는 환경을 유지하기 위해 가능한 모든 일을 다 하겠지만, 통제는 우리에게 해를 끼친다.

생각해보라. 모든 걸 통제하려다 보면 결국 녹초가 될 것이다. 일이 특정한 방식으로 이루어져야 한다는 욕구에 사로잡히면 극도로 긴장한 채 신경을 곤두세우다가 바싹 말라버릴 것이다. 진심으로 말하는데, 당신은 그것보다 괜찮은 삶을 살았으면 좋

자신의 영혼을 죽이는 일을 포기할 준비가 되었는가?

겠다.

이제 개방적인 태도와 관용을 실천해보자. 이 실습은 평화롭고 편안한 멋진 기분을 안겨줄 것이다. 통제 욕구를 버리기로 결심할 수 있다. 그걸 포기할 수 있다.

통제 욕구를 포기하면 마음을 열고 보다 풍요로운 감정을 받아들이게 된다. 아이러니하게도 통제를 중단하면 상상했던 것보다 더 많은 것을 얻게 된다.

당신도 나처럼 회복 중인 통제광이 될 준비가 되었는가?

실 습 과 제

본인이 언제 스트레스나 긴장감, 위축된 기분을 느끼는지 알아야 한다. 몸의 어느 부분에서 스트레스와 긴장을 느끼는가? "내가 지금 무엇을 통제하고 있거나 통제하려고 하는가?"라고 자문해보자.

그걸 알아냈으면 심호흡을 한 뒤 포기해야 한다. 포기의 중요한 점은 '방법'이 따로 없다는 것이다. 그것은 선택이다. 편안해질 준비가 되었기 때문에 포기하는 것이다.

새로운 생각의 씨앗을 심는 것이 얼마나 효과적인지 알 테니까

'평화의 기도'를 드릴 수도 있다. "내가 바꿀 수 없는 것을 받아들이는 평온함, 내가 바꿀 수 있는 것을 바꾸는 용기, 그리고 그 차이를 아는 지혜를 주소서."

인생 거머리 2 - 기대

"기대는 모든 심적 고통의 근원이다." - 윌리엄 셰익스피어
William Shakespeare

통제의 충실한 파트너인 기대를 빼놓고는 통제를 논할 수 없다.

기대란 어떤 일이 일어나거나 특정한 방식으로 이루어질 것이라는 강한 믿음, 누군가가 특정한 방식으로 행동하고 성취해야 한다는 믿음이다. 그 '누군가'에는 자기 자신도 포함된다.

기대는 유해하다. 대개의 경우 기대는 좌절과 실망의 원인이다. 이건 사실이고, 곧 이 충격적인 진실을 직접 경험하게 될 것이다.

'난 기대하는 게 별로 없어'라고 생각한다면 다시 생각해보기 바란다.

자신의 영혼을 죽이는 일을 포기할 준비가 되었는가?

기대는 인생에 대한 거대한 기대부터 상황에 관한 기대, 다른 사람의 기대, 자신에 대한 기대까지 모든 곳에 숨겨져 있다.

- 우리 어머니는 내가 어릴 때 돌아가시면 안 됐다.
- 남편이 사고를 당할 리가 없다.
- 나는 유방암에 걸려서는 안 됐다.
- 나는 미혼모가 되어서는 안 됐다.
- 인생은 불공평하다.
- 이 나이에 이런 처지로 있어서는 안 된다.
- 직장을 잃지 말았어야 했다.
- 내게 그런 일이 일어나서는 안 됐다.
- 그 사람은 나한테 그런 식으로 말하면 안 된다.
- 오늘 밤 파티는 완벽할 것이다.

언제부턴가 우리는 인생이 특정한 모습으로 진행되어야 한다고 믿기 시작했다. 본인에게 발언권이 있다고 믿었다. 하지만 실제로는 그렇지 않았고 여러 가지 일들이 일어났다. 이즈니스를 기억하는가? 인생에 이런 기대를 품고 있다는 것은 곧 현실과 싸우고 있다는 뜻이다. 그런 기대는 언제나 고통과 실망을 안겨주며 때로는 불안과 우울까지 불러온다. 인생이 특정한 모습을 띄어야 한다는 믿음을 버릴 수 있는 힘은 우리 안에, 오직 우리에게만 있다.

본인이 바라는 상황에 대해 많은 기대를 품고 있다가 실제로는 그렇지 않아서 실망했다면, 그 실망감은 본인이 만든 것이다. 이해가 가는가? 이는 엄청난 사실이다. 우리는 자신을 자유롭게 해방시킬 수 있다! 이것이 '근본적인 개인적 책임'과 선택의 힘이다.

'하지만 내가 딸에게 바라는 바나 직원에게 원하는 성과, 남편의 도움을 바라는 기대가 없다면 어떻게 그런 일이 일어날 수 있지?'라고 생각할 수도 있다. 무슨 말인지 안다. 나는 친절하니까 그 부분에 대한 해결책도 마련해뒀다. 이럴 때는 합의를 하면 된다.

합의란 기대를 상호 이익으로 대체하는 것이다. 합의를 통해 자신이 원하거나 필요한 것을 얘기할 수 있고 상대방도 자신의 욕구와 필요를 표현할 수 있다. 이렇게 양측이 힘을 합쳐 기대를 제거하는 것이다.

정말 마법 같은 일이다.

로렌은 자기 삶의 모든 부분에 실망을 느끼고 상담을 받기 시작했다.

자신의 영혼을 죽이는 일을 포기할 준비가 되었는가?

"5년 동안 쉬지 않고 일했는데도 사업이 아직 계획했던 단계에 이르지 못했어요. 목표를 달성하지 못한 나 자신과 팀원들에게 실망했죠. 내 파트너는 도움이 되지 않아요. 함께 사는 것이 생각했던 만큼 행복하지 않아서 곧 헤어지게 될 것 같아요." 로렌의 말이다.

"회사 일이 어떻게 돌아가고 있는지 살펴볼까요?" 더 많은 고객을 유치하는 것이 로렌의 목표 중 하나라는 얘기를 듣고 이렇게 제안했다.

"이번 분기에 팀에서 여러 가지 조치를 취했어요. 하지만 벌써 3월 초인데 내가 준 작업 목록을 완료하려면 아직 멀었더라고요."

"당신이 그들에게 작업 목록을 줬다고요?" 나는 일이 어떻게 돌아가고 있는지 알 것 같았다. 로렌은 공동 작업 팀의 일원으로 일했다. 적어도 우리가 처음 만났을 때 설명한 바로는 그랬다.

"네. 우리가 정한 목표를 반드시 달성해야 하고 그러려면 다들 더 열심히 노력해야 하니까요. 팀원들도 알고 있을 거예요."

"정말 그럴까요? 그들과 얘기해봤어요?"

로렌은 잠시 말을 멈췄다가 단호하게 대답했다. "아니요, 그럴 필요는 없어요. 이건 당연한 일 아닌가요?"

하지만 그 말이 끝나기 무섭게 로렌은 지친 한숨을 내쉬며 속삭였다. "내가 불가능한 일을 기대하고 있는 건가요? 팀원들과 논의조차 하지 않은 상태로요."

"바로 그거예요."

로렌은 팀원들을 소집해서 사업이 잠재력을 발휘하지 못하는 이유와 이 상황을 바꾸기 위해 노력할 수 있는 방법에 대해 이야기했다. 이건 로렌이 원하는 결과물이나 기대 사항 목록을 전달하기 위한 회의가 아니었다. 그런 방식이 어떤 결과를 낳았는지 이미 알고 있다. 이번 회의는 적극적인 합의를 도출하기 위한 회의였다.

로렌은 회사에 대한 비전을 공유했다. 팀원들이 달성해줬으면 하는 목표와 우선순위도 공유한 피드백을 요청했다. "목표를 달성하려면 어느 부분에 더 많은 지원이 필요한가요? 현재 상황에서 무엇이 장애물이라고 생각되나요? 목표 달성에 필요한 것들을 고려할 때, 일정이 합리적인가요?"

팀원들은 적극적으로 참여하면서 훌륭하고 정직한 피드백을 제공했다. 합의 과정을 통해 그들의 지지도 얻었다. 팀원들은 로렌이 그들의 의견을 경청하는 것을 느끼고 용기를 얻었으며 자신의 권리가 보호받는다는 기분도 들었다.

로렌은 팀원들에게 혁신적인 아이디어가 얼마나 많은지, 회사 비전을 실현하기 위한 새로운 합의가 사업에 어떤 변화를 가져올 수 있는지 깨달았다. 그리고 이후 실제로 매출이 늘어났을 뿐만 아니라 직원들 사이가 돈독해졌고 사내 커뮤니케이션도 개선되었다.

당신도 기대를 버리고 합의를 이루면 긴장을 풀고 느긋해질 수 있다. 이런 선택을 했을 때 어떤 일이 일어나는지 알면 기분 좋은 놀라움을 느끼게 될 것이다.

내가 품은 기대를 인식하기 시작한 때가 언제인지 기억난다. 기대하던 것들이 많았는데 다 엉망이 됐다. 난 딸이 숙제하는 모습을 보면서 엄청난 좌절감을 느끼곤 했다. 딸이 뭘 하는지 확인하려고 방에 들어가 보면 대개 바닥에 엎드려 있었다. 노트북을 앞에 두고 여기저기 종이가 흩어진 상태에서 헤드폰을 끼고 음악을 듣고 있다.

"뭐 하니?" 내가 묻자 딸은 마지못해하며 정지 버튼을 눌렀다.

"숙제."

속이 부글부글 끓기 시작하는 걸 느낄 수 있었다. "숙제? 그런 자세로 어떻게 숙제를 한다는 거야? 그건 불가능하니까 얼른 일어나서 책상 앞에 앉아. 책상은 그러라고 있는 거야!"

딸은 나를 바라보며 차분하게 말했다. "엄마, 괜찮아. 난 공부할 때 음악 듣는 걸 좋아한다고. 알아서 할 테니까 내버려 둬. 이 방법도 괜찮다고."

그쯤에서 포기하고 방을 나왔어야 했는데 그러지 못했다. "아니, 안 괜찮아. 이건 옳은 방법이 아니야. 그렇게 해서는 공부를 제대로 할 수 없어."

"엄마, 지금 모든 게 괜찮은 상태잖아. 내 성적도 좋고, 선생님들도 날 좋아하고, 전부 다 괜찮다고. 아무 문제도 없는데 왜 굳이 문제를 만들려고 해?"

나는 말문이 막혔다. 세상에, 문제는 바로 나였다. 그래서 심호흡을 하고 말했다. "네 말이 맞아. 계속하렴."

통제적이고 본인의 기대만 내세우면서 남을 힘들게 하는 내 방식이 문제였다.

딸의 말이 맞다. 최선을 다할 수 있고 성적도 좋고 모든 게 괜찮다면 언제 어디서든 원하는 방식대로 공부하면 되는 것이다. 만약 결과에 뭔가 변화가 생긴다면 그때 가서 다시 대화를 나누면서 변화를 꾀하면 된다.

자신의 영혼을 죽이는 일을 포기할 준비가 되었는가?

기대를 감지하는 탐정이 되어보자.

- 실망, 좌절, 낙담을 느낄 때 주의를 기울인다.
- 그런 감정을 알아차리면 "이게 어디서 비롯된 감정일까? 나 자신이나 다른 사람, 어떤 상황, 혹은 인생 전반에 대한 기대를 아직 품고 있는 걸까? 내가 현실과 다투고 있는 걸 까?" 자문해보자.
- 자신의 감정을 이해하면 선택이 가능해진다.
- 이런 좌절과 실망을 느끼는 건 본인 탓이라는 사실을 깨닫 고 기대를 버리겠다고 결심할 수 있다. 아니면 그 상황을 그 냥 받아들이는 방법도 있다.

인생 거머리 3 - 비판

"다른 사람을 비판할 때는 그들을 정의하는 것이 아니라 자신 을 정의하게 된다." - 웨인 다이어Wayne Dyer

이런 태도는 고등학교를 졸업할 때 이미 버렸어야 한다. '나는 별로 비판적인 사람이 아니다'라거나 '남을 평가하지 않는 건 너무 어렵다'고 생각하는 것 잘 안다. 하지만 사실 남을 평가하지 않는 건 별로 어렵지 않은 일이다. 이는 기본적인 태도의 문제다. 그런 행동을 하는 사람이 너무 많아서 우리 사회에서 널리 받아들여지는 탓에 그게 얼마나 파괴적이고 해로운지 모르는 척하거나 그 해악을 축소하는 것뿐이다.

비판은 부정적인 태도와 스트레스를 증가시키고 저조한 상태를 유지하는 확실한 방법이다.

하루 종일 다음과 같은 무언의(혹은 실제로 입 밖으로 내뱉을 수도 있다) 비판이 계속 이어진다고 생각해보라.

- 저 여자는 그럴 형편이 안돼.
- 셀카를 저렇게 많이 올리다니 정말 자만심이 강한 남자네.
- 그 사람은 너무 게을러.
- 정말 나쁜 여자야.
- 어떻게 저런 옷을 입고 다니지?
- 자기 일을 어떻게 해야 하는지도 모르나 봐.
- 그는 나를 이용해서 돈을 벌려는 것뿐이야.
- 정말 무능하네.

자신의 영혼을 죽이는 일을 포기할 준비가 되었는가?

・그렇게 온갖 고생을 다한 사람을 버리다니 이게 말이 돼?

당신도 종종 하는 생각 아닌가? 우리 인식은 점점 커지고 있는데 알다시피 인식이 가장 중요하다.

그렇다면 비판은 어디서 나오는 것인가?

타인에 대한 비판은 자신을 보호하려는 욕구에서 비롯된다. 다른 사람의 이상이나 신념이 자신과 일치하지 않으면 비판적인 태도를 취한다. 스스로 자신감이 없거나 소외감을 느낄 때도 비판한다.

비판적인 태도를 취할 때는 사실 연결과 수용을 갈망하지만, 본인의 취약한 모습을 솔직하게 드러내기보다 완전히 말도 안되는 태도로 남을 비판하면서 마음의 문을 닫아버린다. 일종의 자기 보호인 셈이다.

하지만 나의 비판적인 태도가 다른 사람에게 중대한 영향을 미쳐서 그들도 나를 비판하게 된다는 걸 알면, 타인에 대한 비판을 멈출 수 있을 것이다. 항상 남들이 나를 비판하는 듯한 기분이 드는가? 그렇다면 본인이 남들에게 하는 비판부터 먼저 살펴보자. 그러면 그것이 거울 같은 기능을 한다는 사실을 깨닫게 될 것이다.

본인이 비판받는다고 느끼는 사람은 남들을 비판한다. 남을 비판하지 않는 사람은 남들이 자기를 비판한다고 느끼지 않는다. 그게 다.

할 일 목록에서 비판을 제거하면 매일 어느 정도의 시간이 더 생길까? 아마 엄청난 시간이 생길 것이다.

건전한 성취감을 느낄 때는 남을 비판하지 않는다. 자신을 사랑하고 수용할 때, 행복할 때도 마찬가지다.

게다가 비판을 포기했을 때 얻을 수 있는 또 하나의 큰 선물은 비교까지 손쉽게 포기할 수 있다는 것이다.

왜냐고? 비판과 비교는 커플처럼 짝지어 다니기 때문이다. 뭔가를 비교하면 비판도 하게 된다. 그리고 한쪽이 없으면 다른 한쪽도 사라진다.

그렇다면 이 추악하고 수준 낮은 행동을 어떻게 바꿀 수 있을까?

물론 인식을 통해서다.

그다음엔 어떻게 될까? 비판적인 태도를 인식하면 호기심이 생긴다. 비판적인 태도와 호기심을 동시에 지닐 수는 없다. 우리 정신은 두 가지를 동시에 할 수 없다. 한번 시험해보라.

미셸은 아론이라는 사람이 자기 팀에 새로 합류하게 될 것이라는 얘기를 들었다. 상사의 '죽마고우'인 아론은 오만한 사

자신의 영혼을 죽이는 일을 포기할 준비가 되었는가?

람인데 본인보다 우월하다고 생각되는 이들에게는 아부한다는 소문이 돌았다. 미셸은 아론을 만나본 적이 없지만 벌써 그가 마음에 들지 않았다.

"그가 팀에 합류한 지 몇 주밖에 안 됐는데 벌써 사직서에 뭐라고 쓸지 고민 중이에요. 상사는 우리 사이의 '불화'가 마음에 안 든다고 했지만 솔직히 그 사람하고는 같이 일할 수가 없어요."

미셸이 이렇게 일 걱정을 하는 모습은 본 적이 없었다. 내가 "그 사람을 어떻게 대하느냐"고 묻자 미셸은 아주 솔직하게 대답했다.

"나는 그 사람을 좋아하지 않아요. 그에게는 내가 가진 최고의 모습을 보여주지 못하겠어요"라고 인정했다. "그 우쭐대는 모습을 보면 아침 인사를 건넬 기분도 안 들어요. 그가 보낸 이메일 답장도 미루고 있고 같이 회의를 하면 금세 화가 치밀고 짜증이 나요. 사사건건 의견이 어긋나거든요. 아, 그 사람 때문에 정말 미치겠어요."

"흥미로운 상황이네요. 그가 팀에 합류한 뒤에 일대일로 대화를 나눈 적이 있나요?"

"물론이죠. 함께 회의를 하는 걸요. 같은 사무실에서 일하고요. 아니, 사실 그 사람하고 직접 얘기한 적은 없어요. 일대일

대화는 안 나눠봤어요."

"그런데 왜 그가 나쁜 사람이라고 생각하는 거죠?"

"마케팅 부서의 샘과 몇몇 사람들이 그에 대해 얘기해줬어요. 그래서 우리 팀에 합류했을 때 이미 *그*가 어떤 사람인지 알고 있었고, 실제로 내가 들은 모습 그대로더라고요."

미셸은 이야기 속에서 살고 있다. 다른 사람들의 수준 낮은 대화와 의견에 기반한 비판적인 생각이 만들어낸 이야기다. 그리고 자신이 만들어낸 결과를 겪고 있다.

사실 미셸은 아론에 대해 아무것도 몰랐다. 직접적인 정보도 없었고 비판적인 생각이 너무 깊게 뿌리 내린 탓에 대화를 시도해보지도 않았다.

"모든 것은 생각에서 시작된다" 고리를 기억하는가?

자신의 영혼을 죽이는 일을 포기할 준비가 되었는가?

이 고리를 살펴보자.

비판적인 생각 – 아론은 본인이 다른 사람들보다 낫다고 생각하는 오만한 멍청이다.

감정 – 부정적, 분노, 단절.

감정의 영향을 받은 행동 – 그와 가까이 하지 않고, 그의 의견에 사사건건 반대하며, 반응을 보이지 않는다.

행동이 낳은 결과 – 서로 거리를 두는 서먹서먹한 업무 관계. 아론도 미셸에게 똑같이 반응한다.

결국 이런 결과 때문에 미셸이 "봐요, 그 사람은 거만한 멍청이라고 말했잖아요"라고 주장할 수 있게 되었다. 이 사건이 고리를 이루는 것도 그 때문이다. 결과가 원래 생각이 옳았다는 걸 증명하는 것이다.

이제 상황이 명확하게 보이지 않는가?

그래서 미셸에게 호기심을 품어보라는 과제를 줬고 미셸은 과제를 실행에 옮겼다. 회의 시간에 호기심을 품고 아론의 제안을 받아들이는 것부터 시작했다. 그리고 몇 차례 직접 대화를 나누면서 솔직하고 개방적인 태도를 취했다. 이제 어떤 결과가 생겼을지 짐작이 갈 것이다.

미셸과 아론은 훌륭한 동료가 되었을 뿐만 아니라 사무실 밖에서도 친구로 지낸다.

남을 비판할 때는 그에게 연민을 품거나 좋은 관계를 맺을 여지가 거의 없다.

이제 당신도 같은 작업을 해보기 바란다. 호기심을 품어보는 것이다. 당신이 비판하거나 단절감을 느끼거나 떠올렸을 때 기분이 별로 좋지 않은 사람이 틀림없이 있을 것이다.

호기심을 품으면 그들과의 연결점을 찾을 수 있다.

여기서 잠시 스스로를 평가해보자. 당신은 누구와 단절감을 느끼는가? 그의 삶 어느 부분에 호기심을 품을 수 있는가? 그에 대한 비판은 진실에 근거한 것인가, 아니면 개인적인 의견에 근거한 것인가?

호기심과 궁금증이 모든 것을 변화시킨다. 호기심은 사람들을 연결시키고 비판은 분리시킨다.

현명하게 선택하자.

인생 거머리 4 - 비교

"비교는 자신에 대한 폭력 행위다." - 이얀라 반젠트Iyanla Vanzant

'난 부족한 점이 많은 사람이야'라는 생각에 불을 붙여 자기 의심과 불안, 낮은 자존감을 키우는 가장 빠른 방법을 알고 싶은가? 그렇다, 바로 비교다. 비교는 그 모든 것을 가능하게 한다!

비교란 자신과 다른 사람의 개인적 또는 상황적인 유사점과 차이점을 측정하거나 기록하는 것이다. 하지만 사실 서로의 유사성을 강조할 때는 비교를 이용하지 않는다.

비교할 때는 항상 다른 점, 차이점을 강조하는 것이 기본이고 언제나 자신이 패배자처럼 느껴지는 방향으로 나아간다.

우리는 자신의 가장 부정적인 부분과 다른 사람의 '완벽한' 부분을 비교한다.

- 비교 시나리오 1. 집에서 기진맥진한 상태로 파트너와 말다툼을 벌인 뒤 소셜미디어에 접속했는데 휴가 중인 친구와 친구 남편의 사진이 가장 먼저 눈에 띄었다. 그러면 당연히 그들은 완벽한 결혼생활을 하고 있고 친구는 정말 운이 좋다는 생각이 들면서 본인의 처지가 매우 비참하게 느껴질 것이다.
- 비교 시나리오 2. 사업을 시작한 지 겨우 6개월밖에 안 됐으면서 15년 동안 사업가로 살아온 누군가와 자신을 비교하기 시작한다. 대단한 성공을 거둔 그 사람이 하는 일은 전부 훌륭하고 수월하게 진행된다고 생각한다. 그리고 본인은 아직 그 단계에 도달하지 못했다는 걸 통감하면서 패배자가 된

자신의 영혼을 죽이는 일을 포기할 준비가 되었는가?

듯한 기분을 느낀다.

- 비교 시나리오 3. 본인의 목표에 의문을 품고 직장에서 나아 갈 길을 잃은 듯한 기분을 느끼고 있다. 인생이 과연 뜻대로 흘러갈지 의구심이 들기 시작할 즈음, 친구가 전화를 걸어 캘리포니아에서 멋진 새 직장을 구해 거기로 이사할 것이라고 말한다. 물론 축하 인사를 건넸지만, 친구는 어떻게 모든 일이 그토록 완벽하게 진행되는 건지 궁금해지기 시작한다. 나도 수년 동안 아주 열심히 일했지만 내게는 그런 일이 일어나지 않았다. 이건 불공평하다. 이런 생각 때문에 정말 우울해진다.

이렇게 기분이 나빠진 이유는 비교의 길을 따라갔기 때문이다. 이건 본인이 선택한 것이다. 다른 누구도 아닌 본인, 본인이. 본인이라는 말을 세 번이나 반복한 이유를 알 것이다.

그리고 비교라는 이 위험한 비탈길과 관련해 명심해야 하는 또 하나의 사실은 우리 머릿속에서 만들어낸 비참한 이야기는 전부 사실이 아니라는 것이다.

친구가 올린 휴가 사진 뒤에 숨겨진 진실은 그들 부부가 결혼 생활을 유지하기 위해 휴가 여행을 갔다는 것이다. 하지만 효과가 없었고 집에 돌아온 뒤 공식적으로 별거 중이다.

자기 분야에서 활약하는 최고의 전문가를 보면 이렇게 생각할 수 있다. '나는 사업을 시작한 지 6개월밖에 안 됐는데 저 사람은 이 분야에서 15년이나 일했어. 정말 자극이 되네! 나도 저렇게 성공할 수 있도록 열심히 할 거야.'

그리고 친구와의 비교에 몰두하는 동안, 친구가 캘리포니아에서 좋은 일자리 제안을 받을 수 있는 위치에 오르기 위해 날마다 야근까지 감수한 건 기억하지 못한다. 친구는 가족과 지인을 모두 이곳에 두고 떠나는 힘든 결정을 내렸지만 긍정적인 방향으로 나아가고 있다.

비교를 하면 할수록 기분만 나빠진다. 하지만 사실 우리는 다른 사람들 삶에서 무슨 일이 일어나는지 잘 모른다. 계속 남과 비교만 하면 본인의 꿈, 자율권, 행복에서 점점 멀어지게 된다.

남과 자신을 비교하다 보면 다른 사람 일에 끼어들게 되고 남의 일에 참견하다 보면 정작 중요한 자기 일은 나 몰라라 하게 된다. 부디 자기 일에만 신경 쓰면서 본인에게 집중하자.

비교에서 영원히 벗어나려면 해야 할 일이 하나 있다. 바로 자기 길에 계속 머무르는 것이다.

차선 두 개가 나란히 있다고 상상해보자. 본인 차선에서 자기 일을 하며 즐거운 시간을 보내는 모습을 상상해보자. 그러다가 옆 차선을 흘깃 보고는 그 차선이 모든 면에서 자기 차선보다 훨

자신의 영혼을 죽이는 일을 포기할 준비가 되었는가?

씬 낫다고 판단한다. 그래서 본인 차선에서 벗어나 그 차선으로 뛰어든다.

남의 차선으로 들어가서 그들 일에 끼어드는 것이다.

우리가 그들과 같은 차선에 있다면 지금 우리 차선에는 누가 있을까? 그렇다, 아무도 없다. 우리 차선에서 우리 인생과 꿈을 전진시켜줄 사람이 아무도 없는 것이다.

본인 차선을 지키자

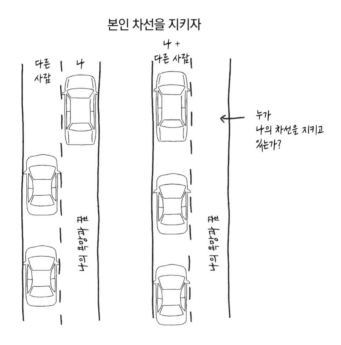

자신과 다른 사람을 비교하고 싶은 유혹이 들면 그 기분이 사라질 때까지 "내 차선을 지키자"라는 말을 반복해서 되뇌자.

인생 거머리 5
- 다른 사람의 생각에 신경 쓰는 것

"남의 생각에 끊임없이 신경 쓴다면 당신의 삶은 당신 것이 아니다." - 작자 미상

이건 매우 중요한 문제다. 다른 사람의 생각에 신경 쓰지 않으면 상황이 완전히 바뀐다.

우리는 외부의 인정을 중요하게 여긴다. 혹시 이런 생각을 한 적이 있는가?

- 맙소사. '사람들'이 어떻게 생각할까?
- '사람들'이 이걸 좋아하지 않으면 어쩌지?
- '그들'이 나를 좋아하지 않으면 어쩌지?

자신의 영혼을 죽이는 일을 포기할 준비가 되었는가?

- 내 진짜 기분을 말하면 '그들'이 날 초대하지 않을 거야.
- 거절할 수 없어. '사람들'이 날 어떻게 생각하겠어.

이 문장을 타이핑하는 것만으로도 지치는 기분이다. 이런 생각을 하는 사람은 당신뿐만이 아니다. 우리는 가치 있고 중요한 존재이며 본인의 의견을 가장 중요시하는 삶을 살아갈 자격이 있다는 것을 기억하자. 우리를 검증할 수 있는 사람은 우리뿐이다.

그렇다면 다른 사람의 의견을 신경 쓰는 이런 비합리적이고 비생산적인 집착은 어디서 생기는 걸까?

이를 이해하려면 시간을 거슬러 올라가야 한다. 수만 년 전의 부족시대로 돌아가보자. 당시에는 부족의 일원이 되는 것이 생존에 필수적이었다. 부족에게 거부당하면 죽을 수도 있고, 반대로 부족의 일원이 되면 보호와 식량, 생존에 필요한 모든 것이 제공된다. 따라서 남들에게 인정받고, 받아들여지고, 호감을 사는 것은 실제로 계속 숨 쉬고 살아갈 수 있다는 것을 의미했다. 부족 시대에는 남에게 받아들여지는 것이 이렇게 중요했다.

그 이후 인류는 꽤 많은 진화를 이루면서 발전해왔지만 진화역사의 이 부분 때문에 다른 사람이 우리를 어떻게 생각하는지에 집착하는 해롭고 무력한 버릇이 생겼다. 마치 우리 삶이 거기 달려있는 것처럼 느껴지지만 이제는 그렇지 않다. 사실 그와 정반대되는 상황이 되었다.

이제 남들의 인정을 받고자 하는 끝없는 욕구에 맞설 수 있다. 우리에게는 다른 길을 선택할 힘이 있다. 아는 것이 곧 힘이다.

이제 우리는 생존을 위해 다른 사람에게 의존해야 하는 세상에 살지 않는다. 이런 행동은 자유롭게 되고 싶은 사람이 되는 능력을 방해한다. 누구의 눈치도 보지 않는 당당한 사람이 되지 못하도록 방해하는 것이다.

실 습 과 제

다른 이들이 어떻게 생각하든 전혀 신경 쓰지 않는다면 어떤 기분이 들까?

우리는 어떤 사람이 될까?

남의 행동을 감정적으로 받아들이지 않으면 무엇이 달라질까?

다들 "정말 편해질 것 같다. 자유로운 기분으로 마음 편히 숨쉴 수 있고, 하기 싫었던 일을 모두 그만둘 수 있을 것이다. 거절도 승낙도 더 많이 할 수 있고"라고 말할 것이다. 가능성은 무궁무진하다.

이제 그것이 얼마나 놀라운 기분을 안겨주는지 알았으니, 다음

　　　　　자신의 영혼을 죽이는 일을 포기할 준비가 되었는가?

과 같은 새로운 생각을 연습해보기 바란다(쓰고, 읽고, 느껴보라는 말이다).

- 나를 인정하는 사람은 나다.
- 사람들이 날 어떻게 생각하든 알 바 아니다.
- 내 인생에서는 내 의견이 더 중요하다.

자기 방식대로 완벽하게 살아남을 수 있는 방법을 계속 찾아가는 동안 마치 다른 사람의 삶을 살고 있는 듯한 기분이 들 수도 있다. 본인이 실제로 하고 싶지 않은 일을 하게 되기 때문이다.

어쩌면 아버지가 원하던 일을 하고 있지는 않은가? 동료들이 하는 일을 따라 하다가 어느새 본인 의지로는 결코 선택하지 않았을 길에 갇히게 되었는가? 지금의 삶이 마음에 들지 않는다면 그건 본인의 진정한 자아와 일치하지 않기 때문이다.

'해야 할 일'과 '하지 말아야 할 일'로 가득 찬 삶을 살고 있다면 이제 바뀌어야 한다.

- 이 대학에 들어가야 한다.
- 좋은 일자리 제안을 받아들여야 한다.

- 거기로 여행을 가면 안 된다. 너무 멀다.
- 만일의 경우를 대비해 돈을 저축해야 한다.
- 다들 그렇게 하니까 우리 회사에서도 그룹 프로그램을 제공해야 한다.
- 아이 학급에서 자원봉사 요청을 받으면 거절하지 말아야 한다.
- 초대받았으니 가야 한다.

이건 전부 내가 직접 보고 들은 상황이다. 내가 뭔가를 '해야 한다'는 말을 들을 때마다 10센트씩 받았다면 지금쯤 내 개인 소유 섬에서 이 책을 쓰고 있을 것이다. 그런 강요는 사라져야 한다. 사람들이 어떻게 생각하든 신경 쓰지 않고 모든 걸 감정적으로 받아들이지 않는다면 뭔가를 '해야 한다'는 생각을 버리고 자신의 선택에 집중하는 삶을 살 수 있다.

우리가 진정한 최고의 자아를 드러낼 때 다른 사람들이 어떻게 생각하는지는 우리가 상관할 바가 아니다. 그건 우리 책임이 아니다. 다시 한번 말하지만 다른 사람의 반응, 인식, 응답은 우리가 책임질 문제가 아니다. 그건 그들에게 달려 있다.

다시 큰 소리로 따라 해보자. 다른 사람의 반응, 인식, 응답은 우리가 책임질 문제가 아니다.

자신의 영혼을 죽이는 일을 포기할 준비가 되었는가?

나의 인생은 나의 것이다. 내가 어떤 사람이고 어떤 결정을 내릴 것인지 고민할 때 유일하게 중요한 의견은 본인의 의견이다. 자녀의 생각, 배우자의 생각, 부모의 생각, 친구의 생각, 형제자매의 생각은 중요하지 않다. 본인의 생각만 고려하면 된다.

자기 자신에게 진실하지 않다면 누구에게도 진실하지 않은 것이다.

다른 사람들 생각에 신경을 쓰면 말 그대로 그들에게 힘을 넘겨주게 된다. "나도 물론 내 의견이 있지만 당신 의견이 훨씬 중요하니까 여기, 나를 좌지우지할 수 있는 힘을 드릴게요"라고 말이다. 아니, 절대 그래서는 안 된다.

이건 마치 남들의 검증이나 의견을 거쳐야만 내가 괜찮은 사람이 되고 나의 가치를 확인할 수 있다는 얘기 같다. 아니, 결코 그렇지 않다. 나의 가치, 훌륭함, 적합성은 논쟁의 여지가 없다는 것을 기억하자. 살면서 일어난 일 또는 일어나지 않은 일이 나의 가치를 반영하지는 않는다. 나의 내재적 가치는 이미 내 안에 존재한다!

내가 만나서 함께 일했던 사람들의 소망과 욕구 가운데 가장 큰 것은 진정한 자아가 되고자 하는 욕구였다. 우리 모두에게는 자신의 규칙에 따라 살아가고, 죄책감 없이 거절하고, 남들을 기쁘게 해주려고 애쓰는 걸 멈추고, 비록 사회적 규범에 어긋나더라도 큰 역할을 해보라고 간청하는 힘이 있다. 우리는 자신의 진실에 부합하는 삶을 살려고 노력해야 한다.

다른 사람의 인정을 받기 위한 삶을 꾸리는 데 많은 시간을 쏟을수록 진정한 자아로부터 멀어지게 된다. 진짜 있는 그대로의 자신 말이다.

이런 변화를 이루는 데 있어 가장 멋진 부분은 다들 자신에게 진실하고 싶어 한다는 것이다. 우리 모두 같은 것을 원한다. 따라서 다른 사람의 생각에 신경 쓰지 않고 외부의 인정을 갈구하는 걸 빨리 멈출수록 자신에게 진정한 검증을 제공할 수 있는 사람은 자기뿐이라고 믿게 된다. 그러면 놀라운 자유와 성취감을 느끼게 될 뿐 아니라 다른 사람들도 그렇게 하도록 유도할 수 있다.

나는 이것이 개인적인 성장 여정의 가장 기적적인 부산물 중 하나라고 생각한다. 주변 사람들이 본인의 여정을 시작하도록 도와주면 그것이 그들 주변으로 확장되면서 계속 퍼져나갈 것이다. 그러면 어느새 모두가 남들 눈치를 보지 않고 진정한 최고의 모습으로 살아가게 될 것이다. 야호!

보편적인 변화의 촉매제가 되어 계속 전진하자.

자신의 영혼을 죽이는 일을 포기할 준비가 되었는가?

내 말을 따라 해보자. "나한테 해야 한다는 말 하지 마." 좋다, 이것이 우리의 새로운 만트라다. 다른 사람이나 자기 내면을 통해 뭔가를 "해야 한다"는 말을 들을 때마다 잠시 멈추고 의식을 가다듬자. "해야 한다"는 말에 의문을 제기하자. 그것이 작은 돌멩이라고 상상하고, 돌멩이를 집어 들어 그 아래에 무엇이 있는지 살펴보자.

· 무언가를 해야 하거나 해서는 안 되는 이유는 무엇인가?
· 그 말은 어디에서 온 것인가?

이번에는 본인이 지닌 선택의 힘을 떠올리면서 "이 일을 할 생각이 있는지 없는지?" 자문해보자.
"해야 한다"는 더 이상 존재하지 않는다. 그 말을 단어집에서 아예 지워버리자.

최근에 아이가 다니는 학교 학부모들과 회의를 했는데, 아이 교실에서 자원봉사를 하는 문제에 관해서 얘기가 나왔다. 엄마

중 한 명이 "다음 주에 교실 일을 도와줄 시간을 내야 해요"라고 말했다.

"왜 그래야 하죠?" 나는 불문율에 과감하게 도전장을 내밀었다.

그 엄마는 "다른 사람들도 다 하는 일이고 나도 해야 해요. 그렇지 않으면 사람들이 나를 나쁘게 생각할 걸요"라고 말했다.

이런 젠장! '해야 한다'가 또 등장했다! 그녀가 집어 든 '해야 한다' 돌멩이 아래에는 내가 자원봉사를 하지 않으면 사람들이 날 싫어할 것이다, 라고 적혀 있었다.

그녀는 내가 그 대답을 수긍할 것이라고 생각했겠지만 나는 계속 질문을 던졌다. "본인이 선택할 수 있다면 어떻게 하고 싶으세요?"

"나도 교실에서 자원봉사를 하는 건 정말 내키지 않아요. 가끔 현장 학습에 따라가는 건 괜찮지만 차라리 돈을 기부하는 편이 나아요. 선택할 수만 있다면 교실에서 하는 자원봉사는 절대 하지 않을 거예요."

"좋아요!" 내가 말했다. "작은 비밀 하나 알려드릴게요. 원하는 쪽을 선택할 수 있어요. 자원봉사는 못 하겠다고 말하고 대신 돈을 기부하면 돼요."

그 엄마는 눈에 띄게 안도하는 모습이었다. 결국 자원봉사 대신 돈을 기부했고 그 뒤로 영원히 행복하게 살았다. 솔직히 마지

자신의 영혼을 죽이는 일을 포기할 준비가 되었는가?

막 부분에 대해서는 잘 모르겠지만, 어쨌든 이 이야기의 교훈은 '해야 한다'에 이끌려 결정을 내려서는 안 된다는 것이다.

인생 거머리 6 - 분노

"원한이란 자기가 독을 마신 뒤 상대방이 죽기를 기다리는 것과 같다." – 말러키 맥코트Malachy McCourt

솔직히 이 인용문만 있으면 더 이상의 설명은 필요 없다고 생각한다. 핵심을 찌르는 이 내용을 다시 읽어보자. 정말 심오한 진실이다.

이걸 처음 읽었을 때가 기억난다. 심장을 강타한 이 문장 덕분에 내 삶에 남아 있던 분노에 즉각적인 변화가 생겼다. 당장 나쁜 감정을 버리고 그걸 자꾸 들추는 걸 그만두기로 했다. 그렇게 쉽게 끝낼 수 있는 일이었다.

언제까지 원한과 분노의 부정적인 기운 속에서 썩어가고 싶은가? 상대가 벌을 받는 게 아니라 당신이 벌을 받고 있으니 물어보는 것이다.

분노는 여러 가지 형태로 나타날 수 있다.

- 분노 시나리오 1. 파트너를 미친 듯이 사랑하는데 그가 다른 주에 있는 직장으로 가게 되었다. 떨어져 산다는 건 상상도 할 수 없기 때문에 함께 가기로 결심했다. 당신도 새 직장을 구하고, 가족과 친구들에게 작별 인사를 하고, 아주 먼 곳으로 이사를 간다. 그런데 새로운 삶을 시작한 지 몇 달도 안 되어 파트너에 대한 원망 때문에 쉽게 짜증을 내고 좌절감을 느끼기 시작한다. 결국 당신이 이사한 건 그 사람 때문이라서 본인이 선택한 일이긴 해도 기분이 씁쓸하다.
- 분노 시나리오 2. 상사에 대한 감정이 좋지 못하다. 당신도 그 자리에 지원했었는데 탈락했기 때문이다. 당신 생각에는 모든 게 상사 때문이라서 기분이 안 좋다. 자격이 충분했는데 그 사람 탓에 탈락했다고 생각하는 것이다.
- 분노 시나리오 3. 전남편과 공동 양육 관계를 맺고 있는데 문제가 많다. 한때는 사랑하던 사람이지만 이제는 같은 방에 있기만 해도 짜증이 나서 미칠 것 같다. 그 사람에 대한 분노가 매우 심하다. 관계는 유지되지 못했고 전남편은 당신에게 상처를 입혔다. 두 가지 결과 모두 결혼할 때 계획했던 것과는 다르다.

분노는 우리가 부당함을 느낄 때 생기는데 그 부당함이 스스로

자신의 영혼을 죽이는 일을 포기할 준비가 되었는가?

자초한 것이라도 마찬가지다.

본인이 느끼는 감정이 분노라는 걸 깨닫지 못할 수도 있다. 살면서 겪은 부당한 일을 떠올리면서 "아니, 그 일은 오래전에 잊었어"라고 말할 수도 있지만, 아직 분노와 괴로움을 느낀다면 실제로는 그 일을 잊지 못했다는 신호다.

─────── 실 습 과 제 ───────

간단한 분노 테스트를 해보자. 어떤 상황을 떠올리거나, 어떤 사람의 이름을 듣거나, 휴대폰에 그 사람 번호가 뜨면 본능적으로 반응하게 되는가? 몸이 긴장되는가? 화가 나는가? 만약 그렇다면 아직 극복하지 못한 것이다.

원한은 추악하다. 끔찍하고 해로운 결정을 하게 만든다. 정신과 신체의 모든 부분에 영향을 미친다. 행복으로 향하는 길을 만드는 것이 아직 어렵다고 느낀다면 어딘가에 분노가 묻혀 있기 때문이라고 장담할 수 있다.

기대와 관련해서 했던 얘기를 기억하는가? 기대와 분노는 밀접

한 관계가 있다. 누군가가 당신이 기대한 일을 하지 않았다면 당신 생각에 그 사람은 잘못을 저지른 것이므로 원한을 품게 된다.

자각력과 자기 인식 고취가 꼭 필요한 이유를 다시 한번 강조해야 할까? 아니, 이미 잘 알고 있을 것이다.

분노를 내려놓은 뒤 다시 생각하지 않겠다고 결심하고, 분노 때문에 어떤 대가를 치르게 되었는지 인식하고, 다른 의미와 생각을 통해 상황을 해석하면 분노를 잊을 수 있다.

우리를 묶고 있는 원한의 사슬을 풀 수 있는 가장 확실한 방법인 동시에 잠재력을 달성하고 평화와 기쁨과 성취감이 가득한 삶을 살아가기 위해 정기적으로 실천해야 하는 중요한 일이 하나 있다.

바로 용서다. 용서에 관해서만 다룬 책을 쓸 수도 있고 언젠가는 실제로 그럴지도 모르지만, 지금은 용서를 실천하는 것이 무엇보다 중요하다는 사실에만 집중하겠다.

용서를 실천하면 자유롭고 평화로운 기분을 느낄 수 있지만 용서보다 분노를 품고 있는 사람들이 너무나 많다. 그 감정을 놓아버리고 싶지 않은 마음, 용서하고 싶지 않은 마음이 있는 것 같다. 때로는 자신이 느끼는 분노에서 뭔가를 얻기도 한다.

관심을 받기도 하고 자기가 중요한 사람이 된 듯한 기분을 느낄 수도 있다. 또 그 감정이 익숙하게 느껴진다는 이유로 계속

화를 낼 수도 있다.

실 습 과 제

여기서 잠시 멈추고 본인이 품고 있는 분노의 감정을 들여다 보자. 그렇게 화가 나고 단절된 상태에서 무엇을 얻을 수 있을까? 우리 인간들은 뭔가 얻을 게 없으면 아무것도 하지 않는다. 내 말이 터무니없게 느껴질지도 모르지만 그래도 이건 사실이다. 기분 나쁘고 화나고 분개한 상태에서도 뭔가를 얻고 있다는 말이다.

원한은 영혼을 갉아먹는다. 엄청난 양의 비판과 분노를 낳고, 삶의 모든 영역에서 행복을 방해하는 이야기를 끝없이 이어간다. 이해할 수 없는 방식으로 사람들을 분리시키고 관계를 악화시킨다. 그래서 모든 인생 거머리 가운데 가장 유해하다.

그렇다면 용서를 실천하는 데 방해가 되는 것은 무엇인가? 원한을 잊는 게 그토록 어려운 이유는 무엇인가?

답은 우리의 과거와 믿음에 있다. 놀랍게도 믿음이 다시 모습을 드러냈다.

어쩌면 용서하지 않아야만 정의를 이룰 수 있다고 믿을지도 모른다. '정당함'을 바라는 욕구가 너무 커서 치유와 평화를 바라는 마음을 압도하는 것이다. 때로는 용서가 어떤 상황이나 상대방의 행동을 묵인하는 것이라는 잘못된 생각을 품고 있기도 하다. 또 우리가 용서하면 상대방이 이기게 된다고 생각할 수도 있다.

이 모든 것이 다 해당될 수도 있다. 하지만 분명히 말하는데 그건 다 헛소리이며 전혀 사실이 아니다. 그런 자기중심적인 생각과 믿음은 평생 우리를 꼼짝 못 하게 하고, 부정적인 태도와 분노로 가득 채워서 비참하게 만든다. 물론 생각을 바꾸면 얘기는 달라진다.

용서는 우리를 행복과 기쁨과 자유의 삶으로 이끄는 강력한 믿음이다.

용서는 선물, 자신에게 주는 선물이다. 다른 사람이나 상황, 자신을 용서하면 자유로워질 수 있다. 과거의 짐에서 벗어나 본인의 힘을 되찾고, 열린 마음으로 사랑과 연민이 가득한 삶을 살수 있다. 그러면 에너지 수준이 가장 높은 단계로 올라가서 누구도 건드릴 수 없는 존재가 될 것이다.

자, 당신은 이제 준비가 되었다. 원한이라는 독극물을 더 이상마시고 싶지 않을 것이다. 아주 좋은 결정이다!

지금 당장 시작할 수 있는 강력한 용서 연습이 있다.

1단계: 자신에게 잘못을 저질렀다고 생각되는 사람, 상처받은 상황, 용서하고 싶은 일 등을 나열한 용서 목록을 작성한다. 이 작업을 하는 동안 인내심을 품고 자신을 사랑해야 한다.

2단계: 목록에서 어떤 일이나 사람을 선택한다.

3단계: 눈을 감고 2분간 그 일이 일어난 순간을 떠올려 본다.

4단계: 본인에게 상처를 줬던 사람이나 상황을 떠올리면서 그때의 분노와 고통을 느껴보자. 스스로 취약한 상태가 되도록 내버려두고 감정이 격해지는 걸 두려워하지 말아야 한다. 이 상태에서 2분 정도 머무른다. 뭔가를 큰 소리로 말하고 싶은 욕구를 느끼면 말해도 좋다. 참지 말고 내뱉어야 한다. 감정이 고조되었으면 다음 단계로 넘어간다.

5단계: 사랑을 담아 용서한다. 앞에 있는 사람이나 상황에 대해 분노 대신 연민을 느끼자. 상처받은 사람이 남에게 상처를 준다는 사실을 기억하자.

6단계: "이 일을 통해 무엇을 배웠는가? 이 상황이 어떻게 나를 더 나은 사람으로 만들었는가? 이것이 나의 성장에 어떤 도움이 되었는가?" 자문해보자. 자신에게 잘못을 저지른 사람을 생각하면서 "살면서 어떤 고통이나 괴로움을 겪었기에 그런 일을 하게 된 걸까?" 궁금해하자.

7단계: 몇 차례 크게 심호흡을 한다. 그리고 (속으로 또는 큰 소리로) "오늘 용서하기로 결심했다. 모든 상처를 잊고 자유로워질 것이다. 분노를 잊을수록 더 많은 사랑을 나눠줄 수 있다. 용서는 나를 자유롭게 하고 사랑하는 행동이다."

우리 삶의 피를 빨아먹는 이런 인생 거머리를 제거하는 연습을 하면 그 즉시 많은 변화가 일어난다. 행복, 가벼운 기분, 편안함이 증가한다. 연민과 애정 어린 친절이 늘어나고 짜증과 화가 훨씬 줄어든다. 자신이 실제로 남들이 건드릴 수 없는 존재가 되는 걸 느낄 수 있다.

우리 함께 '가치 있는 인간 만트라'를 되뇌어보자.

나는 가치 있는 사람이다. 나는 괜찮은 사람이다. 나는 강한 사람이다. 나는 원하는 걸 선택할 수 있다.

자신의 영혼을 죽이는 일을 포기할 준비가 되었는가?

자신과
깊은 사랑에 빠질
준비가 되었는가?

"다른 사람에게는 사랑을 아낌없이 베풀면서
자신에게는 인색하다."

- 작자 미상

"너 자신을 사랑하라." "무조건 자신을 사랑해야 한다." "가장 중요한 것은 자신을 사랑하는 것이다." 살면서 이런 말을 몇 번이나 들었는가? 이건 완벽한 진실이니 오해하지 말기 바란다. 하지만 어디서부터 시작해야 할까? 이것이 실제로 의미하는 바는 무엇이고, 이를 우리 삶에 적용하면 어떤 모습일까?

자, 이제 진지한 얘기를 시작할 테니 자리에 앉아서 준비 자세를 갖추기 바란다. 나는 당신이 자신을 사랑하거나 좋아하지 않는 상태로, 마땅히 누려야 하는 본인과의 좋은 관계를 발전시키지 않은 상태로는 단 1분도 더 살지 못하게 할 것이다. 당신은 곧 자기 자신과 경이롭고 무조건적이면서 수용적인 근사한 관계를 맺게 될 것이다. 당신이 내 말에 거부감을 느끼든 아니면 이걸 읽고 "오, 좋아, 난 준비가 됐어!"라고 외치든, 무조건 그렇게 될 것이다.

물론 이것도 선택의 문제다. 자신을 사랑하기로 선택해야 한

자신과 깊은 사랑에 빠질 준비가 되었는가?

다. 하지만 나한테는 이것이 필수적이다. 자기애는 곧 우리의 초 능력이기 때문이다. 자신을 사랑하지 않으면 최고의 삶을 살거나 최고의 자아가 될 수 없다. 자기애는 우리 힘이 탄생한 곳이다.

지금까지 이야기한 모든 내용을 우리의 운영 체제라고 설명할 수 있다. 그렇다면 자기애는 전원 코드다. 이 본질적인 토대가 없으면 아무것도 작동시킬 수 없다. 엄밀히 말하면 모든 것을 가능케 하는 원동력이 자기애다.

앞서도 말했지만 다시 얘기하겠다. 이 책의 제목을 이렇게 지은 데는 그럴 만한 이유가 있다. 본인이 괜찮은 사람이라는 사실을 받아들이고 믿으면 자신에 대한 깊고 무조건적인 사랑을 키울 수 있는 문이 열린다. 우리는 가치 있는 사람이고 부족함이 없다. 우리는 자신의 세상에서 가장 중요한 사람인 자기 자신에게 사랑받을 자격이 있다. 이는 이론의 여지가 없고 타협이 불가능한 진실이며 심지어 토론 주제가 되어서도 안 된다.

괜찮은 사람이 되기 위해 어떤 일을 하거나 어떤 존재가 될 필요도 없다. 내 말 듣고 있는가? 우리는 오늘 아침 일어난 것만으로도 충분히 가치 있는 사람이다. 자, 이제 무슨 말인지 이해했을 테니 좀 더 자세히 살펴보자.

사랑스러운 나

　우리 삶의 모든 것은 내면에서 비롯된다. 에너지, 관계, 사업, 양육 방식, 우정, 선택, 영성과의 연결, 기타 모든 것이 다 그렇다.
　하지만 대부분의 사람들은 자기 이외의 모든 것과 모든 사람에게 집중하면서 자신은 무시한다. 삶을 개선하거나 변화시킬 새로운 전략을 배우려고 이 책을 골랐다면, 여기서 배운 모든 내용을 자기애를 실천할 때 쏟아붓게 될 것이다.
　나는 사람들이 '사랑을 찾아다니는' 모습을 보곤 한다. 마치 다른 사람이 그런 느낌을 안겨줄 수 있는 것처럼 말이다. 애정 어린 관계를 맺고 있지만 그 사랑을 진정으로 느끼고 받아들이지 못하는 이들이 많다. 왜냐고? 자신에 대한 사랑의 깊이는 오직 자신만이 느끼고 경험할 수 있기 때문이다. 다른 사람도 우리를 한없이, 적극적으로 사랑할 수는 있지만 본인의 사랑스러움을 느끼지 못한다면 다른 사람이 나를 얼마나 사랑하는지는 중요하지 않다. 이건 사실이다. 사랑받고 있다고 느끼는 능력은 본인이 얼마나 사랑스럽다고 여기는지, 그리고 본인을 얼마나 사랑하는지에 비례한다. 자신을 사랑하는 것은 자신과의 관계를 존중하고 가꾸고 지속적으로 키우는 것이다. 그건 우리 인생에서 가장 중요한 관계다. 나는 멋진 아이들 세 명과 근사한 남편이 있고 최고의 가족과 친구들까지 곁에 두는 축복을 받았다. 하지만 내 인생에서 나 자신과의 관계보다 더 중요한 관계는 없다.

아마 지금까지는 자신과 맺은 관계의 패러다임이나 그것의 중요성을 생각해본 적이 없었을 것이다. 하지만 이 책을 읽는 동안 모든 것이 달라질 테니 괜찮다.

자신과의 관계, 자신에 대한 사랑이 인생 전체의 분위기를 결정한다. 자신을 대하는 방식과 자신에게 말을 거는 방식이 살면서 맺은 다른 모든 관계에 대한 역학과 임곗값을 만든다.

- 자신감을 높이고 싶은가? 자신을 사랑하자.
- 경계를 설정할 준비가 되었는가? 자신을 사랑하자.
- 이제 그 꿈을 추구할 시간인가? 자신을 사랑하사.
- 중요한 대화를 나눠야 하는가? 자신을 사랑하자.
- 꿈에 그리던 낭만적인 관계를 맺고 싶은가? 자신을 사랑하자.
- 감정을 발산할 준비가 되었는가? 자신을 사랑하자.
- 여유로운 공간을 조성해서 편안함을 누리고 싶은가? 자신을 사랑하자.

답이 전부 똑같은 이유는 모든 것이 우리 자신에게서 시작되기 때문이다.

'자신을 사랑하는 것'이 무엇인지 정의할 수는 없으며 본인과의 경이로운 관계가 어떤 모습인지 정의할 수 있는 간단한 '방법'도 없다. 우리가 날마다 순간순간 인식하는 다양한 구성 요소로 이루어지기 때문이다. 자신과의 관계도 다른 관계와 마찬가지로 관심과 육성이 필요하다.

이걸 전부 포용하기 위해 자기애의 영역을 하나씩 살펴보겠다. 이런 영역이 자신과의 관계를 구성한다는 것을 알아야 이를 실천할 수 있으며, 그걸 통해 깊고 무조건적인 자기애의 길로 나아가게 될 것이다.

#1: 자기 수용

자신과의 관계는 자기 수용에서 시작된다.

자기 수용이란 자신의 모든 부분을 포용하고 받아들일 수 있다는 뜻이다. 자신의 긍정적이고 '바람직한' 부분만이 아니라 우리를 구성하는 모든 요소를 말하는 것이다. 자기 수용의 장에서는 자신을 받아들일 때 아무런 비판이나 간섭 없이 약점과 불완전한 부분, 실수까지 포용할 수 있다. 이때 자신을 받아들이는 능력은 어릴 때 남들에게 어떻게 받아들여졌는지에 영향을 받는다.

자신과 깊은 사랑에 빠질 준비가 되었는가?

7~8세가 되기 전에는 자아의식이 전혀 없기 때문에 우리를 키운 사람들을 통해 전달되는 느낌에 의존한다.

우리와 우리 행동을 무조건적으로 수용해주는 환경에서 자랐다면, 자신을 받아들이는 것이 용이할 것이다. 반대로 양육자가 우리의 모든 부분을 받아들여주지 않았다면 추가적인 시간과 연습이 필요할 것이다. 하지만 괜찮다. 이제는 우리가 직접 선택할 수 있다.

양육 스펙트럼의 어느 위치에 있든, 다들 조건부 수용을 경험한 적이 있다. 이는 미리 정해진 방식대로 행동해야만 자신을 받아들여 준다고 생각하는 것이다.

여섯 살 난 메건은 엄마, 남동생과 함께 살았다. 메건은 모범적인 누나였고 남동생을 진심으로 사랑했기 때문에 엄마는 안심했다. 방과 후에 메건은 장난감 상자를 방 한가운데로 끌어다 놓고 동생을 불러서 함께 놀곤 했다.

"너는 정말 너그럽고 착한 아이야, 메건. 동생과 같이 놀아주는 널 사랑해." 엄마는 메건의 방을 지나갈 때마다 이렇게 말하곤 했다. "동생을 즐겁게 해주고 있구나! 그렇게 해줘서 정말 고마워."

여섯 살인 메건은 때때로 혼자 놀고 싶었다. 학교에서 긴 하루를 보낸 뒤 가장 좋아하는 장난감을 가지고 방해받지 않고 놀 시간이 필요했다. "엄마, 잠깐만 혼자 놀아도 돼요?" 메건이 간곡히 부탁했다.

"그건 별로 좋지 않아. 그러면 동생이 혼자 놀아야 하는데, 착한 아이는 같이 놀 줄 알아야지."

메건은 날마다 같은 메시지를 들었다. 엄마가 정의한 대로 '착하게' 굴면 엄마에게 사랑받을 수 있었다. 아이에게도 쉴 시간이 필요한 법이다. 메건은 자신에게 필요 없거나 누릴 자격이 없는 것을 요구한 게 아니지만 그런 행동은 '착하지' 않고 사랑스럽지 않다는 메시지와 함께 요청을 거부당했다. 결국 메건은 남에게 인정받으려면 다른 사람들을 기쁘게 하고 자신의 요구는 무시해야 한다고 여기게 되었다.

에릭은 네 자녀 중 막내였다. 에릭의 부모는 둘 다 과학자였고 그의 형제자매들은 어릴 때부터 학교에서 뛰어난 성적을 올리면서 학자로서의 삶을 꿈꾸었다. 에릭은 매일 저녁 식탁에서 부모님이 형제자매를 칭찬하고 최근 성적에 대해 얘기하고 그들의 천재성을 이용해 세상을 어떻게 바꿀 것인지 계획하는 것을 들었다.

"오늘 어떻게 지냈니, 에릭?" 운명적인 질문이 날아왔다. 부

자신과 깊은 사랑에 빠질 준비가 되었는가?

모가 에릭에게 관심이 없었던 것은 아니다. 다만 노을이 생기는 과학적인 이유보다 노을을 그리는 걸 좋아하는 아이를 어떻게 칭찬해야 할지 몰랐던 것뿐이다.

"잘 지냈어요." 그가 달리 무슨 말을 할 수 있겠는가? 열심히 공부했는데도 수학 시험에서 낙제점을 받았다는 사실을 인정하고 싶지 않았다. 하지만 학교에서 댄스 공연을 연출해서 학급 오스카상을 받기도 했다.

에릭은 매일 똑같은 메시지를 받았고 책에서 얻은 지식이 많지 않은 사람은 실패자라고 배웠다. 부모는 자식들을 조건부로 수용했고 주로 학업 능력에 따라 수용 여부가 결정되었다. 에릭은 가족들이 그의 창의력을 형식적으로 칭찬하거나 대부분 무시한 탓에 수치심까지 느꼈다.

조건부 수용은 심각한 부정성을 야기하며 이는 성인이 된 뒤에도 계속 따라다니는 문제의 근본 원인이 되는 경우가 많다. 오랫동안 자신에게 퍼부은 가혹한 비판과 비난이 의사 결정에 영향을 미치는 것이다.

문제는 그런 비판은 전부 사실이 아니라는 것이다. 지금까지는 그게 사실이라고 믿어왔을지 몰라도 이제부터는 생각을 바꿔야 한다.

우리는 진실을 믿을 수 있다. 모든 인간이 그렇듯이 우리도 완벽하게 불완전한 존재다.

자신과의 관계는 본인의 놀라운 부분, 별로 놀랍지 않은 부분, 그저 그런 부분을 모두 무조건적으로 받아들이는 것에서 시작된다. 그게 전부 합쳐져서 지금의 우리를 구성하기 때문이다. 멋지고 괜찮은 우리 말이다.

스스로를 비판한 자신을 용서할 수도 있고 도움이 되지 않는 내면의 비판자를 침묵시킬 수도 있다. 자신을 진정으로 받아들이려면 자신을 용서해야 한다. 저지른 실수를 용서하고, 원하는 대로 이루어지지 않은 일을 용서하고, 인생의 이 단계에서 원하는 위치에 있지 못한 자신을 용서하자. 자신의 삶에 수치심이나 죄책감으로 뒤덮인 부분이 있다면 자신을 용서하고 자유로워지자.

실 습 과 제

'나는 자신을 무조건적으로 받아들인다. 나는 가치 있고 온전하며 부족함이 없는 사람이다.' 이걸 적어놓고 매일 큰 소리로 읽자.

너무 부담스럽다면 처음에는 이렇게 시작할 수도 있다. '자신

자신과 깊은 사랑에 빠질 준비가 되었는가?

을 무조건적으로 받아들이는 작업을 시작하겠다. 나는 가치 있고 온전하며 부족함 없는 사람이다.'

계속 반복하면서 새로운 믿음을 택하면 조만간 자신의 모든 부분을 받아들이게 될 것이다.

이는 꾸준하게 진행되는 연습이자 과정이다. 하룻밤 새에 이루어지는 일도 아니고 그럴 필요도 없다. 그냥 지금 이 책을 읽는 것만으로도 자신을 선택하고 받아들이기 위한 놀라운 첫걸음을 뗀 것이다. 조만간 목표 지점에 도달하게 될 것이라고 장담한다. 한 걸음씩 나아가면서 한 번에 하나씩 선택하자.

#2: 자기 연민

자기 연민은 자신과의 관계에서 가장 아름다운 구성 요소 중 하나다. 이는 자신을 참을성 있고 친절하고 온화하고 동정적으로 대하면서 다른 사람을 위해 자연스럽게 하는 일을 자신에게도 한다는 뜻이다. 최근 무언가가 잘못되거나 최선을 다하지 못하거나 최고의 모습을 보이지 못했을 때 침착하게 인내하면서 자신을 온화하게 대한 때가 언제인가?

아마 무척 예전 일일 것이다.

자기 연민을 품는다는 것은 친절한 태도를 택한다는 뜻이다. 확신이 없거나, 지금 벌어진 일을 처리하지 못하거나, 무언가가 의도대로 진행되지 않거나, 최고의 모습을 보여주지 못할 때면 "지금 나한테 필요한 게 뭐지?"라고 자문할 수 있다. 친한 친구가 어려움을 겪고 있는 모습을 봤을 때도 마찬가지다. 모든 일에 프로처럼 대처하지 못한다고 자신을 비판하거나 질책하지 말고 친절한 태도를 취하자. 그렇지 않으면 상황에 대한 부정적인 감정만 악화될 뿐이다.

자기 연민은 더 이상 외롭거나 혼자라고 생각하지 않는 것이다. 왜냐하면 우리는 혼자가 아니기 때문이다. 우리는 모두 연결되어 있고 공통된 경험을 가지고 있다. 스스로를 고립시키는 것은 자신에게 연민을 느끼지 않는 태도다. '나만 이러는 거야', '이런 일이 일어나서는 안 돼', '뭔가 잘못됐어', '나한테 뭔가 문제가 있어'라고 생각하기 때문에 스스로 고립을 택하는 것이다.

항상 에너지가 넘치는 알라나는 완벽주의자이자 과잉 성취자다. 그녀는 못하는 일이 없고 다른 사람들이 보기에 뭐든지 쉽게 쉽게 해내는 것 같았다. 알라나는 열정적인 사업가이자

자신과 깊은 사랑에 빠질 준비가 되었는가?

어린 쌍둥이 딸을 키우는 어머니이면서 지역 사회에서 활동하는 자선가이기도 했다.

"그녀는 결코 멈추는 법이 없고 매우 관대하며 다른 사람들을 위해 뭐든지 해주고 항상 최선을 다한다. 하지만 그녀를 함부로 건드리면 안 된다. 그렇게 호락호락한 사람이었으면 지금과 같은 위치에 도달하지 못했을 것이다."

이런 알라나가 어찌할 바를 모르는 상태로 상담을 받으러 왔다. 그녀는 자리에 앉자마자 속내를 털어놓기 시작했다. "저는 지쳤고, 정말 곤란한 상황이에요. 아이들이 절 녹초로 만들고 있어요. 어제도 데리고 외출했는데 마구 성질을 부리더라고요. 너무 난처해서 저도 이성을 잃었어요."

"무슨 일이 있었죠?" 내가 물었다.

"식료품점에서 계산을 하고 있는데 아이들이 계산대에 있던 껌을 집었어요. 안 된다고 하니까 가게 바닥에 드러누워서 소리를 지르지 뭐예요. 나도 이성을 잃고 소리를 질렀죠. 너무 창피한데 그곳에서 빨리 빠져나올 수가 없었어요. 정말 당황스러웠죠! 내 아이들도 제대로 통제하지 못하다니 나는 대체 어떤 엄마일까요?" 알라나가 비통하게 외쳤다. "그리고 가게에 있던 사람들이 날 어떻게 생각할까요? 당분간은 거기 못 가겠어요."

"일단 심호흡부터 하세요." 내가 말했다. "이 일이 그토록 끔찍하게 느껴지는 이유는 당신이 이 사건을 바라보는 방식 때문이에요. 자신을 대하는 방식하고요. 쌍둥이가 아니라 아이를 하나 키우는 집의 경우에도 아이가 어른처럼 행동하는 걸 본 적이 있나요? 다른 집 아이가 짜증 부리는 모습 본 적 없어요?"

"물론 애들은 원래 그런 법이죠. 하지만 나는 스스로를 통제할 수 있었어야 해요. 어제 얼마나 당혹스러웠는지 아세요? 괜찮다고 넘어갈 일이 아니에요." 알라나는 이렇게 주장했다.

"다른 엄마가 똑같은 일을 겪는 모습을 봤다고 상상해보세요. 어떤 생각이 들 것 같아요?"

"아마 그 엄마가 안쓰러울 테고, 나도 그 기분을 아니까 혼자가 아니라고 말해주고 싶어요."

"좋아요. 이제 한 단계 더 나가보죠. 친한 친구가 전화를 걸어서 자기 아이들에 대해 비슷한 이야기를 한다면 뭐라고 대답할 건가요?"

"친구에게 사랑한다고, 넌 정말 훌륭한 엄마라고 말할 거예요. 육아는 쉬운 일이 아닌데 그 일을 훌륭하게 해내고 있잖아요. 그리고 아이들을 일찍 재우고 편하게 목욕을 하거나 나와 전화로 수다를 떨거나 하여튼 기분이 좋아질 만한 일을 하라

자신과 깊은 사랑에 빠질 준비가 되었는가?

고 할 거예요.”

"바로 그거예요. 그렇다면 방금 다른 사람들에게 해주겠다고 말한 방식으로 자신을 지지하거나 동정하지 못하는 이유는 뭐죠?" 내가 물었다.

"뭐라고 대답해야 할지 모르겠네요. 난 자신을 엄격하게 대하는 데 익숙해요. 스스로를 밀어붙인 덕에 지금의 위치에 도달했다고 생각하죠. 하지만 그 방법이 별로 좋지 않다는 걸 깨닫기 시작했어요."

"이제 자기 연민이 필요한 때가 됐어요. 이건 본인이 선택하는 거니까 다른 사람에게 하듯이 자신에게도 친절하고 애정 어린 태도를 취하는 방법을 배울 수 있어요. 당신은 당신 인생에서 가장 중요한 사람이에요. 그러니 그에 어울리는 대접을 해줘야죠."

눈물이 알라나의 뺨을 타고 흘러내렸다. "알아요. 나는 나한테 훨씬 잘해주고 싶어요. 앞으로는 그럴 거예요. 나 자신을 위해서만이 아니라 딸들도 그런 모습을 볼 수 있게요."

나도 조금 울었다. 난 평소에도 자주 운다. 깨달음의 순간을 경험하는 것은 항상 새롭기 때문이다.

자기 연민은 순간순간의 선택이다. 지금 대하고 있는 사람이 본인 인생에서 가장 중요한 사람이라는 걸 알고 그에 맞게 행동해야 한다.

실 습 과 제

당신이 할 일은 친한 친구와의 관계와 똑같은 방식으로 자신과 관계를 맺는 것뿐이다. 고통, 불행, 실패를 겪을 때 자신의 가장 친한 친구가 되자. 지금 사용하는 단어와 그 분위기를 생각하면서 "지금 나에게 필요한 것은 무엇인가?" 자문해보자.
"이 순간 어떻게 나를 온화하고 친절하게 대할 수 있을까?"
"내 인간다움을 포용하고 내가 혼자가 아니라는 사실을 기억하려면 어떻게 해야 할까?"

그런 다음 답변에 귀를 기울이자.

우리는 우리 인생에서 가장 중요한 존재다. 그에 걸맞은 대접을 해줘야 한다.

자신과 깊은 사랑에 **빠질** 준비가 되었는가?

#3: 자기 대화

자신에게 말을 거는 방식에 주목해본 적이 있는가? 이 섹션이 끝날 때쯤이면 자신에게 얼마나 안 좋은 말을 던져왔는지(속으로든 크게 소리 내서든) 확실히 깨닫게 될 것이다.

자기 대화는 자신에게 말을 거는 방식을 뜻한다. 나와 다른 이들의 자기 대화를 살펴본 결과, 우리가 사랑하는 사람, 심지어 사랑하지 않는 사람에게도 감히 스스로에게 말하는 것과 같은 방식으로 말을 걸지는 못할 것이라고 단언할 수 있다.

금요일 밤에 아이들을 맡기고 남편 데이비드와 함께 파티에 갈 준비를 하고 있었다. 그건 평범한 파티가 아니라 우리의 가장 친한 친구를 위한 특별한 축하 행사였다. 몇 주 전부터 파티를 고대하고 있었는데 막상 시간이 되니까 가고 싶은 마음이 사라졌다.

"이런." 거울 앞에서 파티를 위해 선택한 옷을 살펴보다가 나도 모르게 이런 말이 튀어나왔다.

"무슨 일이야?" 욕실에서 남편이 외쳤다.

"난 땅딸막해서 이 옷이 어울리지 않아." 거울 속에서 날 마주보는 인물을 가리키며 말했다.

칫솔을 들고 욕실에서 나온 데이비드가 내 옆에 서서 거울을 보더니 이렇게 말했다. "아니, 그건 말도 안 되는 얘기야. 자신한테 그런 식으로 말하지 마." 그리고 다시 욕실로 돌아가 외출 준비를 계속했다.

말은 쉽지!

'땅딸막하다'라는 말은 내 머릿속에서 아무렇게나 튀어나온 말이었다. 그런 표현을 쓰면 안 된다는 건 알지만 뭔가 경종을 울릴 말이 필요했다.

파티에 갈 마음이 사라진 것도 당연하다. 자신에게 끔찍한 말을 내뱉으면 기분이 좋아질 수 없다.

그 순간 내가 평소에 하는 자기 대화에 대한 인식이 높아졌다. 금요일 밤이고 곧 외출할 예정이라고 해도 의식적인 자각을 소홀히 해서는 안 된다.

이 이야기에 공감이 가는가, 아니면 다음 문장들 가운데 익숙한 것이 있는가?

- 넌 진짜 멍청해.
- 정말 못하는구나.
- 네가 누구라고 생각하는 거야?

자신과 깊은 사랑에 빠질 준비가 되었는가?

- 넌 너무 뚱뚱해.
- 누가 너 같은 사람을 사랑하겠니?
- 넌 부족한 사람이야.
- 너는 별로 특별한 데가 없어.
- 끊임없이 실수를 저지르는구나.
- 대체 넌 뭐가 문제니?
- 네가 다 망쳤어.
- 넌 별로 똑똑하지 않아.

으으, 이 문장을 타이핑하는 것만으로도 기분이 나쁘고 짜증이 난다. 하지만 실제로 머릿속에서 그런 사운드트랙을 재생하며 살아가는 이들이 너무나 많다. 자신에게 그런 행동을 하다니 정말 미친 짓 아닌가?

굳이 자신과 싸우지 않더라도 외부 세계에는 우리가 대처하고 관리해야 하는 일들이 많다. 그러니 이렇게 본인을 함부로 대하는 건 용납할 수 없다.

우리는 자신을 위해 존재하는 사람이므로 자신의 반석, 자신의 치어리더, 자신의 팬클럽이 되어야 한다. 그러니 동정적이고 친절한 태도를 취하자. 힘이 되는 지혜로운 말도 해줘야 한다.

우리 마음은 매일 매 순간 이미지와 단어를 통해 소통하고 있

으므로 지금부터는 자신에게 도움이 되는 단어를 선택하는 데
집중할 것이다.

이제 칭찬과 친해질 시간이다. 우리 마음은 익숙한 것을 좋아
하고 익숙하지 않은 것에는 저항한다. 앞서도 말했듯이 그건 과
학적인 사실이다.

비판과 비난이 가득한 자기 대화 습관을 이어가기 쉬운 이유는
너무나 오랫동안 그렇게 해와서 우리 마음이 거기 익숙하기 때
문이다. 느끼고 싶은 대로 느끼고, 되고 싶은 사람이 되고, 세상
에서 이루고 싶은 것을 이루려면 칭찬에 익숙해지고 힘이 되는
자기 대화를 나눠야 한다.

자신에게 하는 말보다 더 중요한 것은 없다.

--- 실 습 과 제 ---

잠시 심호흡을 해보자. 그리고 다음 내용을 큰 소리로 읽어보
자. "넌 대단한 사람이야. 너를 정말 사랑해. 넌 멋지고 사랑스
럽고 세상에서 가장 귀여운 사람이야. 너는 성공할 운명이야.
실수는 배우는 방법 중 하나일 뿐이야. 네가 할 수 없는 일은
없어. 넌 상황을 파악하는 능력도 뛰어나. 정말 괜찮은 사람이

자신과 깊은 사랑에 빠질 준비가 되었는가?

라고."
기분이 아주 좋지 않은가? 이것이 바로 애정이 가득 담긴 힘을
실어주는 자기 대화의 느낌이다.

우리의 자기 대화는 과거에서 비롯된다. 다들 놀랐을 것이다.
이건 습관이며 제대로 살펴보기 전까지는 얼마나 해로운지 깨닫
지 못한다. 당신이 알아차린 부정적인 자기 대화 중 일부는 부모
나 형제자매, 선생님이 했던 말처럼 들릴 수도 있다. "가서 머리
좀 빗어, 미친 사람 같아", "허벅지가 정말 굵구나", "넌 말이 너무
많아" 같은 내용이 머릿속에서 들리면 그 말의 원래 출처가 어디
였는지 알아차릴 수 있을 것이다.

하지만 원출처는 중요하지 않다. 우리는 '근본적인 개인적 책
임'을 지면서 자신의 선택에 따라 살아가는 성숙한 인간이기 때
문이다. 그러니 지금 당장 이 문제를 해결해보자.

우리 목소리는 우리 인생에서 가장 중요한 목소리다. 자기 자
신과 경탄할 만한 관계를 구축한다는 것은 본인의 팬클럽 회장
이 된다는 뜻이며, 긍정적이고 애정 넘치고 연민으로 가득한 자
기 대화를 택한다는 뜻이기도 하다.

실 습 과 제

이걸로 놀이를 해보자.

- 종이를 가로로 돌려서 가운데에 선을 긋는다.
- 왼쪽 상단에는 '나쁜 말 위원회'라고 적고, 오른쪽 상단에는 '팬클럽'이라고 적는다.

- 종이 양쪽 면에 사람 모습을 간단히 그려도 되고, 그림을 잘

그리는 사람은 본인 모습을 자세히 표현해보자. 어떻게 그려도 상관없다!

- 각 그림에 이름을 정해준다. 단, 본인이 아는 사람과 연관성이 없는 이름이어야 한다!

- 그림 주위에 그들이 일반적으로 말하는 내용을 담은 말풍선을 그린다. 나쁜 말 위원회는 이런 말을 할 수 있다. "넌 형편없는 인간이야. 아무것도 제대로 끝내는 게 없어. 정말 멍청하다. 아무도 널 좋아하지 않을 거야." 반면 팬클럽은 "오늘 아주 멋진데. 사랑해. 아주 잘했어. 넌 정말 너그러워" 같은 말을 할 것이다.

자기 대화가 어떤 식으로 이루어지는지 깨닫고 '나쁜 말 위원회'가 하는 말을 들으면, 앞으로는 팬클럽이 하는 말에만 귀 기울이기로 결심할 수 있다. 위 그림 속 두 사람을 이름으로 부르고 대화를 나눠보면서 자기편으로 삼고 싶은 쪽을 고르자.

우리는 너무나 놀랍고 가치 있고 대단한 사람이므로 자신에게 못되게 굴 필요가 없다.

#4: 자기 관리

자신을 돌보는 방식은 본인과의 관계에서 건강과 자양분을 결정하는 요소다. 사실 자신을 사랑하는 것이 곧 자신을 돌보는 것이다.

나는 자기애가 곧 자기 관리라고 생각한다. 자신을 완전하고 무조건적으로 사랑한다면 당연히 자신을 돌볼 것이기 때문이다. 따라서 이 작업을 많이 하다 보면 금세 자기 관리가 새로운 기본값으로 자리 잡을 것이다.

자기 관리는 신체적, 정서적, 영적으로 자신을 돌보는 것이다.

신체적인 자기 관리는 자신을 담은 그릇인 몸을 돌보는 일이다. 정서적인 자기 관리는 자기 감정을 허용하고 표현하고 받아들이는 것이다. 영적인 자기 관리는 자신보다 위대한 존재와의 연결을 통해 영혼에 자양분을 공급하는 것이다. 각 요소와 관련해 가능한 최선의 방법으로 자신을 돌봐야 한다.

우리가 함께하는 이 여정을 위해, 자기 관리에 도움이 되는 세 가지 핵심 개념을 공유하고 싶다. 바로 우선순위를 정하고, 경계를 설정하고, 자신의 감정을 느끼는 것이다. 진정한 자기 관리는 온천 여행보다 훨씬 효과가 뛰어나다.

자신과 깊은 사랑에 **빠질** 준비가 되었는가?

자신을 우선시하자

이걸 굳이 글로 표현하는 것도 이상하지만, 어쨌든 우리는 우리 인생에서 가장 중요한 존재가 되어야 한다. 매일 본인을 우선순위 목록의 맨 마지막에 두는 것을 그만둬야 한다.

다른 사람을 기쁘게 하려고 애쓰면서 자신을 인생 계급의 맨 아래에 두는 사람들이 너무나 많다. 그들은 우주의 모든 사물과 사람을 다 돌본 뒤에야 비로소 본인이 원하거나 필요한 것을 생각한다. 물론 그것도 본인 생각을 조금이라도 하는 사람에게만 해당되는 얘기다.

내가 무슨 말을 하는지 알 것이다. 남의 요구를 다 받아들이고, 세상의 무게를 어깨에 짊어지고, 자신과 타협하고, 다른 사람이 본인의 자존감에 영향을 미치게 내버려두는 것…… 이 모든 걸 그만둬야 한다!

언제까지 다른 사람을 위해 온갖 일을 다 해주며 에너지를 소모할 생각인가? 계속 그러다 보면 너무 지치고 진 빠지고 분노만 가득 남아 병이 들고 말 것이다. 본인을 그런 처지에 빠뜨릴 것이 뻔하다.

다른 사람들이 나보다 우선이라는 생각을 바꾸길 간곡히 부탁한다. 남들은 당신을 그렇게 우선시하지 않는다.

에이미는 계급 제도가 반전될 경우 여왕 자리에 오를 수 있을 것이다. 지금은 맨 밑바닥에 있는 처지라서 계급을 나타내는 기둥에 얼굴도 제대로 새겨져 있지 않다. 그녀의 하루 일과는 새벽 5시에 시작된다. 그 시간에 일어나 전날 퇴근 시간에 상사가 중요하다고 말했던 일들을 처리하는 것이다. 세 아이를 깨우기 전에 아이들이 먹을 아침과 점심을 준비하고, 출근하는 남편에게 갓 내린 커피를 건넨 뒤, 아이들을 전부 등교시키는 엄청난 일을 해낸다. 그리고 9시 이후부터는 일이 정말 바빠진다! 그녀의 하루가 어떻게 진행될지 짐작이 갈 것이다.

"저 잠든 거 아니에요, 트레이시."

공평하게 말하면 에이미는 그런 말을 할 필요도 없었다. 정말 지쳐 보였다. 나는 상담을 취소하고 카모마일차를 끓여주면서 한 시간 동안 낮잠이나 자라고 하고 싶었다.

"내가 끝내지 못한 일을 생각하느라 잠들기까지 시간이 오래 걸려요. 하루 종일 깨어 있으려고 당분과 카페인을 많이 섭취한 탓도 있겠죠. 그러다가 마침내 잠이 들면 겨우 10분 정도 잔 것 같은데 벌써 알람이 울리고 또 새로운 하루가 시작되죠."

내가 조심스럽게 자기 관리라는 말을 꺼내자, 에이미는 자기 머리에 총을 겨누고 소중한 것들을 전부 내놓으라고 요구

자신과 깊은 사랑에 빠질 준비가 되었는가?

한 것처럼 반응했다.

"내가 없으면 그 사람들이 뭘 할 수 있겠어요? 그들에게는 내 도움이 필요해요. 난 괜찮아요. 만약 내가 시간을 내서 나 자신을 위한 일을 한다면 집에 돌아간 뒤 할 일이 더 늘어날 거예요. 우리 엄마도 나처럼 주변을 다 돌보며 사셨는데 괜찮으셨어요. 그러니까 어쨌든 행복해 보였다고요. 적어도 나는 엄마가 행복했다고 생각해요."

그러다가 문득 말을 멈추고 유령이라도 본 듯한 표정을 지었다. "난 엄마처럼 되려고 노력하고 있는데 엄마는 이제 여기 안 계세요. 엄마는 정말 많은 것을 놓쳤어요. 우리가 식사하는 동안 부엌에서 바쁘게 일했고, 우리가 노는 동안 집을 청소했죠. 엄마는 우리를 돌봐줬는데 엄마를 돌봐준 사람은 아무도 없어요. 남들이 본인을 필요로 한다는 사실에 만족하던 분인데, 나도 지금 엄마와 똑같은 일을 하고 있네요."

"네, 맞아요. 정말 놀라운 사실을 깨달았으니 이제 그 깨달음을 바탕으로 새로운 선택을 해야 해요." 내가 설명했다.

실제로 에이미는 그 순간부터 다른 선택을 했다. 그리고 자기 인생을 구했다. 에이미는 예전보다 조금 늦게 일어나기로 했고 업무는 회사에서 정해진 시간 안에 다 처리했다. 그리고 아이들보다 먼저 일어나서 혼자만의 시간을 갖기로 했다. 커피를 마시는 시간, 일기를 쓰는 시간, 누구도 그녀에게 무언가를 요구하지 않는 시간을. 그리고 아이들을 등교시키는 일에도 도움을 요청했고 결국 남편의 협력과 친구들과의 카풀을 통해 여유 시간이 좀 더 생겼다. 또 일주일에 몇 번씩 운동할 시간을 내고 영양가 있는 식사를 중요시하기로 했다.

이런 새로운 선택 덕분에 새로운 결과가 생겼다. 전보다 잘 자고 삶의 모든 영역에 적극적으로 참여했으며 더 행복해졌다. 그리고 자기가 모든 사람을 돌보지 않아도 세상이 무너지지 않고 다들 잘 지낸다는 것도 깨달았다.

에이미는 순간순간, 매일매일 의식적인 선택을 거듭했다. 우리 일상은 선택의 연속이기 때문이다. 에이미는 자신을 위한 선택을 할 때마다 기분이 점점 좋아졌다.

에이미가 기존에 하던 행동의 아이러니한 점은 다른 이들을 우선시하는 행동을 통해 자신이 훌륭한 인간임을 세상에 증명할 수 있다고 여긴다는 것이다. 그건 잘못된 생각이다. 본인이 아닌 다른 이들을 우선시하면서 자신을 돌보지 않으면, 주변 사람들에게 최고의 모습을 보여줄 수 있는 에너지가 남지 않기 때문에 아무도 우리의 가장 멋진 모습을 보지 못한다.

누가 우리에게 연료를 공급해주는가? 바로 자신이 연료를 공

자신과 깊은 사랑에 빠질 준비가 되었는가?

급해야 한다. 우리는 이 일을 할 수 있는 유일한 사람이므로 지금부터 자신을 최우선으로 여기기 시작해야 한다.

비행기에서 알려주는 것과 동일한 조언을 일상적인 선택에 적용하면 된다. 비행기를 타면 응급 상황이 발생했을 때 다른 사람을 돕기 전에 본인이 먼저 산소마스크를 착용하자고 한다. 본인이 숨 쉴 산소가 충분치 않으면 누구도 도울 수 없기 때문이다.

'건전한 이기주의'라는 개념을 소개하게 되어 기쁘다. 건전한 이기주의란 삶의 모든 부분을 즐기고 존중하고 참여하기 위해 자신을 최우선적으로 고려해야 한다는 뜻이다. 건전한 이기주의는 죄책감이 들지 않으며 자신과 최고의 관계를 구축하는 데 필수적인 요소다.

— 실 습   과 제 —

자신을 우선시하면서 건전한 이기주의자가 될 준비가 되었는가?

기운을 북돋는 데 도움이 되는 것들을 모아 '나만의 시간'을 위한 긴 목록을 작성한다. 그리고 매주 이 목록에서 최소 세 가지 이상을 골라 일정에 포함시킨 다음 그 일을 반드시 실행하고 자신을 우선적으로 고려하자!

자, 날 따라 말해보자. "나는 건전한 이기주의자다!"

경계

심호흡을 해보자. 이것도 경계 설정 방법 중 하나다! 경계를 정하면 인생이 바뀔 것이다.

경계와 관련해 우리가 오해하고 있는 부분들이 많다. 나는 기꺼이 하고 싶은 일과 하고 싶지 않은 일을 구분하는 선을 내 개인적인 경계로 삼았다. 매우 간단하면서도 효과적인 방법이다. 이건 내가 할 수 있는 일이고, 이건 못한다.

본인의 경계를 정하고 지키는 능력은 자신과의 관계나 자존감을 얼마나 소중히 여기는지 직접적으로 보여준다. 가혹하게 들리겠지만 진실을 듣는 것이 변화에 도움이 될 것이다. 그리고 솔직히 내가 언제 가혹한 얘기를 피한 적이 있었던가?

당신도 과거에 경계를 정해서 유지하려고 했거나 특정한 관계나 상황에 따라 경계를 바꾸려고 했을 수도 있다. 하지만 본인이 기꺼이 하고 싶은 일과 하고 싶지 않은 일을 기준으로 경계를 정한 게 아니라 상대방이나 상황에 따라서 경계를 정했기 때문에

자신과 깊은 사랑에 빠질 준비가 되었는가?

효과가 없었다.

사실 당신의 경계에 이의를 제기하는 사람은 그런 경계가 없어야 이득을 얻는 사람들뿐이다.

경계를 정하고 유지하는 것은 우리 행복을 위해서도 매우 중요하다. 자기애와 자기 존중을 실천하고, 우리 욕구를 전달하고, 상호 작용을 개선하고, 자신을 위한 시간과 공간을 만들려면 경계가 정해져 있어야 한다.

그렇다면 경계를 정하는 게 그렇게 어려운 이유는 무엇일까? 어쩌면 경계가 존재하지 않는 가정에서 자란 탓에 그런 선택권이 있다는 사실을 몰랐을 수도 있다. 아니면 요구를 거절하거나 자기 기분을 솔직히 말하면 상대방에게 거부당할지도 모른다는 두려움 때문일 수도 있다.

하지만 사실 경계는 애정이다. 경계를 정한 사람에 대한 애정과 그 경계를 받아들이는 사람에 대한 애정이 모두 포함된다.

자신의 경계를 정하고 유지하는 문제와 관련해 현재 어떤 위치에 있든, 이 여정을 마칠 때의 당신은 시작할 때와는 완전히 다른 사람이 되어 있을 것이다. 당신은 지금도 계속 업그레이드되는 중인데 이런 업그레이드에는 경계가 필요하다.

경계가 필요한 지점이나 기존의 경계를 다시 강화해야 하는 지점을 찾는 가장 좋은 방법은 좌절감, 분노, 고갈된 기분을 느끼는 지점이 어디인지 확인하는 것이다.

본인 삶의 다양한 영역과 관계를 살펴보자.

· 어디에서 에너지가 새고 있는가?

· 어디서 피곤함을 느끼는가?

· 더 이상 용납하고 싶지 않은 것은 무엇인가?

· 쉽게 짜증을 내면서 반응하게 되는 부분은 어디인가?

이를 확인하면 어떤 경계를 만들고 어디에 신경을 써야 할지 정할 수 있다.

스스로 경계를 정하는 일에 설레는 기분을 느끼지 못한다면 보다 건전하고 잘 조절된 경계를 만들어서 유지할수록 본인의 진실한 삶에 더 가까워지는 걸 알아두자. 또 당당한 자아에 가까이 다가가 개인적인 힘을 점화시킬 수 있고, 자신과 자기 삶의 당당한 모습을 온전히 드러내는 데 필요한 에너지도 늘어난다.

감정 느끼기

자신의 즐겁고 감상적인 기분을 받아들이는 것만큼 스스로를 아끼는 방법도 없다.

감정을 금기시하는 가정에서 자랐거나 우는 건 나약한 행동이라는 말을 들었다면, 또 감정을 표현하려고 할 때 비웃음을 샀다면 다시는 약한 모습을 드러내지 않겠다고 다짐했을 수 있다. 그리고 자신이 성취한 것을 자랑스러워했을 때 으스대지 말라는 말을 들었다거나 긍정적인 성격을 소롱당했다면 이런 감정을 부끄러워해야 한다는 믿음을 품을 수도 있다.

자신의 믿음이 어떻게 드러나고 있는지 아는가?

무엇 때문에 혹은 누구 때문에 그런 태도를 지니게 되었든 지금은 그것이 본인에게 도움이 되지 않는다. 그런 태도는 행복과 기쁨, 성취감을 느끼는 삶을 향한 여정을 뒷받침하지 않는다.

이제 더 이상 숨지 말고 받아들여야 한다. 자신의 감정을 인식하고 느끼는 것도 모두 인간 경험의 일부다.

감정은 자연스럽고 아름다운 선물이다. 감정은 무언가가 옳거나 그르다는 것을 나타내는 지표가 될 수 있다. 어느 쪽이든, 그건 우리에게 무슨 일이 일어나고 있는지 알아낼 때가 되었음을 알려주는 지표 역할을 한다.

당신이 본인의 감정을 제대로 느끼기를 바란다. 흥분이 온몸을 타고 흐르게 하자. 얼굴이 아프도록 크게 웃으면서 자부심과 행복감을 발산하자. 자신의 놀라운 자아에 대한 기쁨과 활기를 내뿜자.

우리는 감정을 느끼도록 만들어졌다. 감정을 억제하거나 묻어두거나 숨기는 것은 우리 본성과 어긋난다. 이 경우 어느 날 갑자기 화산처럼 감정이 폭발하거나 몸에 병이 생기기도 한다. 이것은 뭔가 문제가 있다는 분명한 신호이므로 시스템 장애가 발생할 때까지 기다리지 않아도 문제가 생긴 것을 알아차릴 수 있다.

울음과 웃음은 몸에서 에너지가 방출되도록 도와주는 감정으로, 감정 흐름이 막히지 않게 해주는 가장 인기 있는 형태의 해소제다. 그러니 감정을 마음껏 분출시키자!

나는 오랫동안 흐느껴 우는 걸 매우 좋아한다. 특히 바닥에 태아처럼 웅크린 채 콧물까지 흘려가면서 우는 게 가장 효과적이다. 당신도 이렇게 한번 울고 나면 엄청난 무게의 짐이 사라지는 걸 느낄 수 있을 것이다.

지금 절망의 구렁텅이에 빠져 있든 행복이 넘치든 아니면 그

자신과 깊은 사랑에 빠질 준비가 되었는가?

중간쯤이든, 자신의 감정을 충분히 느끼고 그 감정에 대해 얘기할 수 있어야 한다. 언제나 감정을 밖으로 내보내는 게 참는 것보다 훨씬 낫다.

어떤 감정이든 편안하고 담담하게 받아들여야 자신감이 커지고 남들이 건드릴 수 없는 존재가 된다.

실 습 과 제

감정을 느낄 수 있도록 허락하는 것부터 시작하자.

슬퍼서 눈물이 차오를 때 그걸 억누르거나 자제하지 말자. 뭐든 밖으로 분출시키는 편이 낫다는 것을 기억하면서 마음 편히 울자. 감정을 쏟아내고 후련함을 느껴야 한다.

약간의 에너지, 혹은 억눌렀던 분노를 방출해야 하는가? 그렇다면 자기 방이나 차고(내가 주로 선택하는 장소)에 가서 공포 영화 스타일로 목청껏 소리를 지르자.

누군가 기분이 어떠냐고 물어보면 솔직하게 자기 감정을 말하는 게 좋다.

감정은 표현이다. 그리고 감정은 인간이다. 어떤 감정을 느끼든 자신을 사랑하는 마음을 유지하면서 그 감정을 편하게 느끼자.

#5: 자기 이미지

자신을 완전히 사랑하기 위한 마지막 요소는 자아상, 그러니까 자신을 바라보는 방식이다. 자아상이 중요한 이유는 우리가 자신을 어떻게 바라보고 어떻게 생각하는지 결정하는 이 비전 안에 항상 머무르기 때문이다.

우리가 지금까지 거쳐온 이 모든 과정은 우리가 고정된 존재가 아니라는 사실을 강조한다. 우리는 자신이나 다른 사람이 부과한 제한에 얽매이지 않으며 자신을 바라보는 방식을 바꿀 수도 있다. 우리는 가치 있고 무한한 존재다!

이 책 시작 부분에서 우리가 어떻게 인생의 이 단계에 도달했는지, 현재의 정체성을 어떻게 발전시켰는지 이야기했다.

이제 본인의 정체성에 대해 믿는 바를 선택할 수 있는 힘을 발휘해보자. 어떤 사람이 되고 싶고, 어떤 기분을 느끼고 싶고, 세상에 어떤 모습을 보이고 싶은지 직접 정할 수 있다. 자기만의 자아상을 설계해보자!

먼저 "난 원래 그런 사람이야"라는 말 앞에 올 수 있는 내용을 모두 생각해보자.

- 나는 결벽증 환자야. 난 원래 그런 사람이야.
- 나는 사람이 많은 곳에 있으면 긴장해. 난 원래 그런 사람이야.
- 나는 항상 늦어. 난 원래 그런 사람이야.
- 나는 모든 일을 감정적으로 받아들여. 난 원래 그런 사람이야.
- 나는 자신감이 부족해. 난 원래 그런 사람이야.
- 나는 어떤 일에도 재능이 없어. 난 원래 그런 사람이야.
- 난 못생겼어. 난 원래 그런 사람이야.
- 나는 똑똑하지 않아. 난 원래 그런 사람이야.
- 나는 창의성이 부족해. 난 원래 그런 사람이야.
- 나는 부족한 점이 많아. 난 원래 그런 사람이야.

문제는 당신은 원래 그런 사람이 아니라는 것이다. 그건 그냥 당신이 생각하는 자신의 모습일 뿐이다. 뭐라고? 자, 이 말이 이해될 때까지 반복해서 읽어보자.

물론 당신이 그런 생각이나 행동을 실제로 겪어보지 않았다는 얘기는 아니다. 항상 늦고 결벽증 환자에 자신감도 없다는 건 다 경험에서 우러난 얘기일 것이다. 하지만 그런 얘기를 하는 이유는 그게 자신의 진짜 모습이라서가 아니라 늘 자아상에 부응하거나 잊으려고 애쓰기 때문이다.

우리는 고정된 존재가 아니다. 생각, 믿음, 이야기를 바꾸면 자아상도 바뀐다.

본인을 어떻게 생각하는지가 중요한 게 아니라 이 순간 적절한 모습이 무엇인지가 중요하다. 살면서 원하는 대로 느끼고, 존재하고, 행동하고, 창조하려면 이 순간 어떤 사람이어야 하는가?

우리는 사랑스럽고, 부족함이 없고, 가치 있는 사람이며 자아상은 언제든 바꿀 수 있다는 것을 기억하자.

지금은 이에 저항하는 말들이 자기 대화에 가득하겠지만 괜찮다. 그것도 바꿀 수 있다.

"나는 사랑스럽고, 부족함이 없고, 가치 있는 사람이다." 이 말을 크게 복창해보자. 그런 다음 머릿속에서 말대꾸하는 작은 목소리에 귀 기울여보자. 무슨 말이 들리는가? "아니, 넌 그런 사람이 아니야. 농담하는 거지?"라는 말이 들린다면 그게 바로 저항, 앞서 얘기했던 힘을 앗아가는 비판의 목소리다.

이건 무시하고 대신 애정이 담긴 자기 대화를 선택할 수 있다. "네 말이 맞아. 너는 괜찮은 사람이야. 사랑스러운 사람이고. 전

자신과 깊은 사랑에 빠질 준비가 되었는가?

에 믿었던 것들을 이제 믿지 않잖아. 네가 선택할 수 있어."

자아상과 관련해서는 어떤 사람이 되고 싶은지 정확하게 결정할 수 있다. 자신에게 도움이 되지 않는 부분을 버리고 도움이 되는 부분을 새롭게 키우면 된다. 야호! 꼭 복권에 당첨된 것 같다!

자기애를 실천하기 시작하면 자아상이 자동으로 바뀌기 시작한다. 그리고 자아상도 바뀌면 모든 것이 바뀐다.

이제 인생에서 가장 중요한 관계는 자신과의 관계라는 사실을 받아들여야 한다. 자신을 사랑하는 것은 엄청나게 강력하고 타협할 수 없는 선택이므로 그 과정에 도움이 될 실용적인 아이디어를 몇 가지 알려주겠다.

실습 과제

- 화이트보드용 마커를 구해서 집에 있는 모든 거울에 "나는 괜찮은 사람이다"라고 써놓자. 욕실 거울에도 꼭 써야 한다.
- 이런 거울 작업은 심오한 영향을 미쳐서 자신과 양육적인 관계를 형성하게 된다. 이 작업의 선구자인 루이스 헤이 Louise Hay 덕분에 나는 아침에 일어나자마자 거울 앞에 서서 내 눈을 들여다보며 "사랑해"라고 말하면서 하루를 시

작한다.

- 자신과 사랑에 빠지는 시간을 가지자. 와인 한 병을 준비해 영화를 보면서 혼자 저녁 시간을 보내거나, 혼자 저녁을 먹으러 가거나, 혼자 데이트를 해보자.

마지막으로, 여기는 내 삶의 지침이 되는 질문을 함께 나누기에 완벽한 장소다. 이 질문들에 대해 곰곰이 생각하면서 대답해보면 자신을 적극적으로 사랑하고, 자신의 가치를 존중하고, 자신을 선택하는 데 도움이 될 것이다.

원하는 감정을 느끼지 못할 때 또는 본인의 인생을 위한 최선의 선택을 하지 못했다는 걸 깨달은 순간에 이 질문을 이용해보자. 아니면 자신과 연결되어 고결한 자기애에 기반한 선택을 하고 싶은 상황에 처할 수도 있다. 그때도 이 질문을 이용하자. 언제나 도움이 될 것이다.

- 지금 이 순간 나를 사랑한다면 상황이 어떻게 바뀔까?
- 내가 부족함 없는 사람이라고 믿는다면 지금 이 순간 나는 어떤 사람이 될까?
- 이것이 내게 어떤 도움이 될까?

자신과 깊은 사랑에 빠질 준비가 되었는가?

우리 함께 '가치 있는 인간 만트라'를 되뇌어보자.

나는 가치 있는 사람이다. 나는 괜찮은 사람이다. 나는 강한 사람이다. 나는 원하는 걸 선택할 수 있다.

본인이
행복해지도록 허락할
준비가 되었는가?

"행복은 밖에 있는 것이 아니라 우리 안에 있다."

— 작자 미상

행복. 행복. 행복. 행복은 모든 사람이 추구하는 것, 인생의 핵심 아닌가?

　나는 모든 사람이 행복이라는 감정을 뒤쫓고 있다고 생각한다. 그것을 기쁨, 만족감, 황홀감, 흡족함 등 뭐라고 부르든 간에 다들 그 기분을 느끼고 싶어 한다.

　우리가 목표를 정하는 이유는 그것을 달성하면 행복해질 것이라고 생각하기 때문이다. 직업을 바꾸는 이유는 뭔가 새로운 일을 하면 행복해질 것이라고 생각하기 때문이다. 데이트를 하는 이유는 인생의 동반자를 만나서 행복해지기를 바라기 때문이다. 사업을 시작하는 이유는 본인이 원하는 방식대로 일을 할 수 있는 자유를 누리면서 행복해지기 위해서다. 아이를 낳는 이유는 육아의 기쁨이 우리를 행복하게 해줄 것이기 때문이다. 물론 세 아이의 엄마로서 '육아의 기쁨'이 항상 날 행복하게 해주는 건 아니라는 것을 알기 때문에 이 글을 쓰면서 웃고 있기는 하다.

　본인이 행복해지도록 허락할 준비가 되었는가?

어쨌든 자세히 들여다보면, 우리가 하는 모든 선택은 행복 추구를 바탕으로 한다. 그것이 모두가 원하는 것이다.

행복 우선주의

우리는 무엇을 기다리고 있는가? 행복은 지금도 얻을 수 있다. 그건 손에 넣을 수 없는 것도 아니고, 기다려야 하는 것도 아니고, 얻기 위해 돈을 내야 하는 것도 아니다. 지금 당장 행복할 수 있다. 지금 바로 행복을 선택할 수 있다! 어떤 감정을 느끼느냐는 선택의 문제다.

우리는 행복은 보상으로 주어지는 것이라고 생각하며 자랐다. 어떤 일을 이루면 그 보상으로 우리를 행복하게 해주는 무언가를 받게 될 것이다. 그러니까 행복은 얻어내야 하는 것 아니겠는가? 아니, 그건 잘못된 생각이다! 우리는 행복이 외부 상황의 부산물이라고 믿으며 자랐고 그 결과 다음과 같은 생각에 익숙하다.

- 살만 빠지면 행복해질 것이다.
- 중요한 고객을 확보하면 행복해질 것이다.
- 평생 사랑할 사람을 찾으면 행복해질 것이다.

- 소셜미디어 팔로워가 2,000명이 되면 행복해질 것이다.
- 아이들이 좀 더 커서 밤새 깨지 않고 잔다면 행복해질 것이다.
- 파트너와 싸우지 않게 되면 행복해질 것이다.

그러면 이런 외부 변수가 모두 달성되면 마침내 행복해질 수 있을까? 아니, 그렇지 않다. 이런 시대에 뒤떨어진 패러다임은 우리를 제약하는 헛소리다.

"만약 ~하다면"이라는 조건부 행복 패러다임 안에서 살면 결코 만족할 수 없고, 항상 다음 보상을 추구하며, 마지막으로 일어난 좋은 일이나 나쁜 일에 전적으로 의존하게 된다.

행복은 다른 모든 감정과 마찬가지로 내면에서 비롯된다. 보상 기반의 패러다임을 선택하면 원하는 목표를 달성하기가 훨씬 어려울 뿐 아니라 가장 최근에 자기 뜻대로 이루어진 일만큼만 행복을 느끼는 삶을 살게 된다. 그건 외적인 상황에 기초한 삶인데 그런 식으로 살 수는 없다. 그건 개인적인 책임과 거대한 내면의 힘을 받아들이는 삶이 아닐 것이 분명하다.

본인이 좋아하는 삶을 살려면 행복을 최우선적으로 고려해야 한다.

본인이 행복해지도록 허락할 준비가 되었는가?

행복은 상태다

하위 자아와 상위 자아 상태(유리 엘리베이터)에 대해서는 얘기했다. 상태와 감정은 내면의 환경이고, 우리 마음은 반복을 좋아하니까 다시 한번 살펴보도록 하자.

우리의 기본적인 상태는 힘을 앗아가는 하위 자아 상태와 힘을 북돋아주는 상위 자아 상태, 이렇게 두 가지가 있다.

다음은 각각에 해당하는 감정과 기분을 한눈에 볼 수 있는 목록이다.

하위 자아/힘을 앗아가는 상태

분노, 조바심, 불안, 비판, 비교, 스트레스, 압도감, 우유부단, 시기, 우울, 무력감, 실망, 걱정, 좌절, 자기 회의, 부정적 성향

상위 자아/힘을 돋워주는 상태

행복, 기쁨, 편안함, 평화, 연민, 사랑, 감사, 자신감, 흥분, 용기, 평온, 몰입, 믿음, 호기심, 허용, 개방성, 인내, 낙천주의

지금 당신은 자기가 어떤 내적 환경에서 더 많은 시간을 보내는지 평가하고 있을 것이다. 어쩌면 이렇게 명확하게 펼쳐져 있

는 목록을 보고 '깨달음'의 순간을 맞았을지도 모른다.

직접 확인해보자. 하루 중 몇 시간을 힘을 앗아가는 상태에서 보내는가? 힘을 북돋아주는 상태에서 보내는 시간은 하루에 몇 시간이나 되는가?

결론은 매일 상위 자아 상태에서 보내는 시간이 많을수록 더 행복해진다는 것이다. 그리고 더 행복해질수록 창의력을 발휘하거나 가끔 가볍게 즐기거나 고무적인 행동을 하거나 정말 좋아하는 삶을 추구하면서 살아가기가 쉬워진다.

앞서 생각이 감정을 만들고 감정이 생각에 영향을 미친다는 얘기를 했다. 우리의 생각과 감정 사이에서는 테니스 경기가 계속 진행되고 있는데, 양쪽 모두 반동적이라서 그날 어느 쪽이 더 강하게 느끼는지에 따라 나아갈 방향이 정해진다.

이 테니스 경기는 끝없이 계속되지만 우리가 개입해서 심판 노릇을 할 수 있다. 그러면 행복을 안겨주지 않는 생각이나 감정을 알아차릴 수 있다. 그리고 그 순간 행복을 느끼고 싶은지 여부를 판단한 다음 선택의 힘을 이용해서 행복을 실현할 수 있다.

이는 자신의 힘을 되찾고 행복 상태를 직접 책임져야 한다는 뜻이다. 그렇지 않으면 외부 상황의 희생자가 될 수 있다. 행복해지는 쪽을 택했다면 본인 생각과 감정이 그 결정과 계속 일치하도록 해야 한다.

무슨 말인지 이해가 가는가? 좋다.

행복 선택

왜 일부러 나쁜 기분을 선택하는 건가? 행복이 목표라면 행복감을 느끼기 위해 무엇을 하는가? 행복해지고 싶은 건 확실한가?

우리는 행복은 외적인 조건을 통해서만 얻을 수 있는 것이라고 믿도록 마음과 몸을 길들였다. 행복을 누릴 자격이 있는 일을 해야 행복해질 수 있다는 생각을 몸과 마음에 심어놓은 것이다. 아직 하위 자아 상태로 살아가고 있다면 당연히 행복을 누릴 자격이 없다. 내면의 대화가 나는 행복할 자격이 없다고 믿게 하므로 행복을 느끼는 게 불가능하다. 따라서 하위 자아 상태에서는 행복이 낯설다.

2층에서의 삶은 행복할 수 없다. 익숙한 부정적인 기분에 푹 빠지게 되므로 자주 이용하는 신경경로가 가장 익숙한 길로 돌아가서 외적인 방법으로 행복을 추구하지만 목표를 이루지는 못한다.

행복 추구가 실제로는 우리를 극심한 불행에 빠뜨리는 데 기여하고 있다는 것을 아는가? 정말 아이러니한 일이다! 우리가 지금까지 배운 내용을 통해 당장 내면의 환경을 바꾸고 의식적으로 행복을 선택할 수 있는 토대가 마련되었을 것이다. 낯선 환경 때문에 어색할 수도 있지만 그건 단지 생물학적인 문제일 뿐이지 너는 행복할 자격이 없다는 우주의 신호가 아니다. 계속 행복을 선택하면 낯선 환경에 익숙해지면서 다시 친숙한 길이 생기고, 일관된 노력을 통해 지금 바로 행복해질 수 있다.

멜리사는 벽에 부딪힌 상태다. "나는 결코 그 지점에 도달하지 못할 거예요. 영영 행복해질 수 없다고요." 몇 달간 상담을 받은 뒤에 그녀는 이렇게 말했다.

멜리사는 의식을 고취시키고, 행동 변화를 알아차리고, 그날 느낄 기분을 선택하면서 하루를 시작하기 위해 노력했다.

"현재 어떤 선택을 하고 있나요?" 그녀가 왜 힘들어하는지 궁금해서 물어봤다.

본인이 행복해지도록 허락할 준비가 되었는가?

"아침마다 '오늘은 행복해질 거야'라고 말해요. 걱정을 버리고 행복해지기로 한 거죠. 하지만 가끔 아직도 걱정스러운 기분이 들 때가 있어요. 행복을 선택하는 건 아주 잘하는 것 같은데 변화란 어렵네요. 왜 걱정이 완전히 멈추지 않는 걸까요?"

나는 웃지 않을 수 없었다. "멜리사, 당신은 40년 넘게 자기 몸과 세포가 걱정과 부정적인 생각이 가득한 감정에 반응하도록 길들이면서 살아왔어요. 그들은 평생 알고 있던 것을 바꾸는 데 관심이 없어요. 하지만 바로 지금, 모든 세포가 변화하기 시작하고 있답니다. 책임자인 당신이 변하기 시작했으니까요. 그건 정말 놀라운 일이에요. 걱정하고, 부정적인 감정을 느끼고, 스트레스를 받는 그 작은 세포들이 만화 캐릭터라고 상상해보세요. 지금까지 걱정과 부정적인 생각이 바탕이 된 지시에 익숙해져 있었는데 갑자기 새로운 지시가 내려온 거예요. 그 작은 세포 친구들은 변화를 싫어해요. 그래서 몸도 아프고 일상적인 친숙함도 느끼지 못하게 되니까 모든 세포가 모여서 긴급회의를 열기로 했죠. 그 회의가 항의 시위로 바뀌어서 그들은 피켓을 들고 데모를 하면서 행복과 안락이라는 새로운 선택을 따르는 걸 거부하려고 해요. 그들은 당신이 대체 뭘 하고 있는 건지 알고 싶어 합니다. 그들이 평생 키워

온 걱정, 부정, 스트레스는 어디로 간 걸까요? 행복과 편안함은 새로운 기분인데 세포들은 그걸 좋아하지 않아요. 자기들 생존에 위협이 된다고 여기거든요."

그래서 변화를 위한 노력과 선택의 힘이 중요한 것이다. 우리 마음과 세포는 우리가 원하는 게 무엇인지 모르지만 우리는 알고 있다. 우리는 모든 힘을 가진 사람이다.

멜리사는 오래 전부터 개인적인 성장 여정을 시작했다. 이런 선택이 눈앞에 놓이면 갈 길이 명확해 보이지만 날마다 실천하는 것은 쉽지 않다. 간단하지만 쉽지 않은 일이다.

본인이 행복해지도록 허락할 준비가 되었는가?

멜리사는 계속해서 인식을 높이고, 행복을 유도 장치처럼 사용하고, 생각의 방향을 바꿔 기존의 생각이 새로운 생각으로 전환되도록 함으로써 깊이 있고 지속 가능한 변화를 이룰 수 있다. 의도적으로 사고하고, 낯선 것을 친숙하게 만들기 위한 의식적인 선택을 해야 한다. 시간이 지나면 본인이 원하는 모습으로 살아가면서 느끼고 싶은 대로 느끼도록 자신을 재구성할 수 있다. 이제 그녀가 원하는 방식이 그녀의 기본값이 될 것이다. 정말 놀랍지 않은가.

우리는 오랫동안 행복은 보상으로 주어지는 것이라고 믿어 왔다. 당신이 이 책을 읽기 시작한 게 언제부터인지는 모르겠지만 수십 년보다는 훨씬 짧을 것이다. 당신은 최선을 다하고 있겠지만 행복을 신택하는 것이 지금까지 믿어온 모든 것과 어긋날 수 있다.

그래도 계속해서 그 길을 선택해야 한다. 계속 '근본적인 개인적 책임'을 지도록 하자. 그러다 보면 어느새 이 새로운 감정이 기본적인 존재 방식이 될 것이다.

우리가 100퍼센트의 시간을 쏟아 노력한다면 반드시 효과가 생긴다.

행복 촉매제

  행복과 상위 자아 상태를 선택하면 행복한 기분을 느끼면서 더 큰 창의성을 발휘할 수 있다.

  행복감을 느끼면 마음이 열리고 편안한 기분으로 몰입할 수 있다. 뇌가 바쁘게 작동하면서 적극적으로 참여한다. 이때가 바로 창의력을 발휘할 수 있는 최고의 상태다.

  반대로 기분이 우울하고 스트레스를 받으면 투쟁/도피 반응이 활성화된다. 그러면 편도체가 생존을 위해 뇌 작동을 중단하는데 이는 창의적 사고를 위한 최적의 환경이 아니다.

  행복은 자기 자신이나 직관과 연결된 기분을 느끼게 해주는 촉매제다. 행복하면 기분이 좋아지고 삶의 모든 부분에서 탁월한 행동을 하게 된다.

  기분은 우리가 무엇을 하고 무엇을 하지 않는지에 영향을 미친다. 그렇다면 행복을 선택하는 편이 합리적이지 않겠는가?

  행복을 선택하면 사업도 발전한다. 탁월한 행동을 한다는 것은 곧 고객에게 더 많은 것을 제공하고, 연단에 올라가 말할 수 있는 용기가 생기고, 책을 쓰고, 자신의 메시지를 열정적으로 세상 사람들에게 전할 수 있다는 뜻이다.

  행복을 선택하면 파트너와 함께 낭만적인 밤을 보내고 싶은 충

본인이 행복해지도록 허락할 준비가 되었는가?

동이 들 것이다. 섹시한 옷을 사는 게 즐겁고 그걸 입으면 기분이 아주 좋아진다. 그리고 파트너와 함께 시간을 보내면서 그와 연결되는 데 집중하게 될 것이다.

행복을 선택하지 않았을 때 사업이나 관계에 무슨 일이 일어나는지는 이미 경험해봤을 테니 굳이 설명하지 않아도 될 것이다. 나 자신이 항상 문제이자 해결책이다.

행복 촉매 비즈니스 모델이나 행복 촉매 관계 모델이라는 말이 마음에 든다면 이제 무엇을 해야 할지 알 것이다. 일단 선택부터 시작하자. 에너지를 높이고 상위 자아가 되어야 한다. 그러면 탁월한 선택을 통해 더 큰 행복을 누리고 원하는 것을 더 많이 얻게 된다.

당신도 주변 사람들의 행복을 위한 촉매제가 될 수 있다. 다들 에너지가 확실히 부정적인 방향으로 변하는 상황에 놓여봤을 것이다. 누군가 회의실에 들어서자마자 공기가 방 밖으로 빨려 나간 듯 눈에 띄게 무거운 분위기로 바뀌는 것을 느낀 적이 있을 것이다. 반대로 회의실에 들어오자마자 기분 좋은 느낌을 안겨주는 사람들도 있다. 그런 변화를 느끼면 기분이 고무되고 가벼워진다. 당신은 어떤 사람이 되고 싶은가?

원하면 언제든 행복의 촉매제가 될 수 있다. 낯선 사람에게 미소를 건네고 마트 계산대에서 기다리는 동안 흥겹게 춤을 추기만 하면 된다(난 종종 그러는데 당신은 어떤가?). 보는 이들이 당신처럼 되고 싶다고 바랄 정도로 정말 즐거운 모습으로 살아갈 수 있다.

별로 행복하지 않다고?

당신이 무슨 생각을 하는지 안다. "항상 행복할 수는 없어. 그건 현실적이지 않아." 전적으로 옳은 생각이다. 우리 목표는 그게 아니다. 우리는 모두 다양한 경험을 하며 살고 있다. 그 경험은 다채로운 느낌과 감정으로 이어지며 그 하나하나가 전부 선물이다.

긍정적으로 생각하라거나 가짜로라도 행복한 척하라는 얘기가 아니다. 그런 건 진짜가 아니다. 또 무지개나 유니콘이 등장하는 동화 같은 이야기도 아니다.

살다 보면 안 좋은 일도 생기고 그럴 때 드는 감정도 확실히 인식하고 존중해야 하지만 그 상태가 계속 이어져서는 안 된다. 그 자리에 머물지 말아야 한다는 얘기다. 벌어진 일에 관심을 갖고 평가해서 그것이 어떤 피해를 입혔고 어느 부분을 치유해야 하는지 판단한 뒤 다시 행복으로 돌아가야 한다.

본인이 행복해지도록 허락할 준비가 되었는가?

자신이 방문할 층과 그곳에 머물고 싶은 기간을 선택할 수 있다. 우리는 29층에 살 자격이 있고 얼마든지 그곳에 살 수 있다. 자기 마음에 드는 상태로 살아가도록 선택할 힘이 있다!

마트 계산대 앞에서 춤을 추는 것처럼 본래의 진지한 태도를 버릴 수 있어야 한다. 진지함과 스스로 만들어낸 압박감을 내려놓자. 그렇다, 그런 압박감은 전부 본인이 자초한 것이다. 이제 긴장을 풀어야 한다.

우리 세상과 문화권, 사회는 우리를 진지한 사람으로 키웠다. "이걸 진지하게 받아들여야 해. 장난치지 마. 심각한 문제라고"라는 말을 얼마나 많이 들었는가. '심각하다'라는 말만 들으면 온몸이 위축된다.

당신이 여기서 진지하게 받아들여야 하는 유일한 사실은 너무 심각하게 살지 말라는 것뿐이다. 이것 하나만 바뀌어도 즉시 행복해질 수 있다.

진지하고 불안하고 심각한 분위기 속에서 살면 몸에 만성 스트레스가 쌓인다. 이런 분위기 때문에 마음이 답답해지고 압박감을 느낀다. 창의성을 마음껏 발휘할 수 없고 계속 짜증이 나고 분노가 치밀고 좌절감을 느낄 가능성이 훨씬 높다. 심각함은 우리를 꼼짝 못 하게 만들고 불행에 빠뜨린다.

반면 장난기는 행복을 선택하고 자기만의 삶을 살아가는 데 있어 빠질 수 없는 요소다.

어떻게 하면 더 재미있게 살 수 있을까? 일상 속에서 어떤 선택을 해야 계속 가볍고 즐거운 기분을 느낄 수 있을까? 어릴 때 아주 쉽게 했던 일들, 그러니까 사람들이 날 어떻게 생각할지 의식하기 전, 진정한 어른이 되려면 진지해져야 한다고 생각하기 전에 했던 일들을 하면 된다.

실 습 과 제

다음 중 하나를 선택해서 지금 실행에 옮겨보자. 기차에서 이 책을 읽고 있든, 카페에 있든, 집에 혼자 있든 상관없다. 남들 눈에 바보 같아 보이는 게 걱정되더라도 신경 쓰지 말자. (이 책을 통해 많은 걸 배웠으니 이제 자신을 방해하는 생각과 신념을 찾아내서 변화시킬 수 있다.)

· 보는 사람이 아무도 없는 것처럼 춤을 춰보자.
· 좋아하는 노래의 후렴을 불러보자.
· 밖에 나가 어릴 때처럼 거리를 질주하거나 폴짝폴짝 뛰어 보자.

본인이 행복해지도록 허락할 준비가 되었는가?

- 좋아하는 농담을 던져보자. 본인한테 하는 거라도 상관없다.
- 큰 소리로 웃자. 아무 거리낌 없이 배꼽이 빠질 정도로 크게 웃자.

나는 약간 경솔한 모습을 보이고 싶을 때마다 원숭이 같은 표정을 짓는다. 아주 완벽한 원숭이 표정을 지으면서 거기에 어울리는 다양한 원숭이 소리를 낸다. 특별한 재능이라고 자부할 수 있다.

당신은 삶을 충분히 즐기고 있다고 말할 수 있는가? 우리 삶에는 날마다 즐거움을 주입해야 한다. 다음은 내가 마흔 살 생일파티 때 한 얘기인데 이를 매일 기억하려고 애쓴다. "이제 가벼운 마음으로 모든 걸 덜 진지하게 받아들일 때가 됐어요. 결국 이건 인생일 뿐이고 살아서 인생을 벗어나는 사람은 아무도 없으니 다들 마음 편하게 삽시다."

이 방법이 효과가 없다면 내가 좋아하는 만트라 가운데 마음을 가볍게 해주는 만트라를 이용해보자. "모든 것은 일시적이다." 다시 한번, "모든 것은 일시적이다." 이렇게 말하면 기분이 좋지 않은가? 모든 게 일시적이라는 것은 변하지 않는 진실이다. 지금 어떤 일을 겪고 느끼고 헤쳐나가고 있든, 그 모든 게 일시적이다. 이 사실을 기억하면 숨을 내쉬고, 마음을 가라앉히고, 긴장을 풀 수 있다. 에너지를 낭비하지 않고, 부정적인 것에 집착하지 않게 된다. 그리고 즉시 더 가볍고 행복한 기분을 느끼게 된다.

그러니 실컷 동네를 뛰어다니고, 농담을 하고, 아무도 보는 사람이 없는 것처럼 춤을 추다가 다 끝나면 다시 여기로 돌아오기 바란다. 이번에는 감사에 관해서 이야기하고 싶다.

행복과 감사

의식적으로 행복을 선택할 때, 감사는 그 선택을 유지하게 해주고 우리의 정신 건강과 웰빙을 뒷받침해준다. 감사를 실천하는 것은 행복을 위한 필수 조건이다.

감사는 과학이다. 감사에 어떤 가치가 있는지 조사한 모든 연구는 부정할 수 없는 한 가지 결론에 도달했다. 꾸준히 감사를 실천하면 삶이 향상된다는 것이다. 물론 표현을 약간 바꾸긴 했지만 이건 사실이다. 감사는 과학적으로 입증된 마법이다.

감사를 실천하면 인생의 좋은 점을 보도록 뇌의 배선이 바뀐다. 좋은 점을 많이 볼수록 그런 일을 많이 겪을 수 있다. 그리고 좋은 일을 많이 경험하면 더 행복해지고, 행복해질수록 더 많은

본인이 행복해지도록 허락할 준비가 되었는가?

감사를 표하게 된다. 이는 완벽한 순환이며, 감사가 제2의 천성으로 자리 잡는 데는 시간이 별로 오래 걸리지 않는다.

물론 어떤 상황에서든 부정적인 면을 찾는 게 더 쉽다는 것은 알고 있다. 인간의 뇌는 원래 그런 부분에 주목하도록 되어 있다. 그것이 현재의 기본 행동이라도 상관없다. 성격이 나빠서 그런 게 아니라 이건 생물학적인 문제다. 인간은 부정적인 것에 끌리는 성향이 있다. 이는 오랜 옛날에 살았던 조상들 덕분인데 그들에게는 부정성 편향이 필요했다. 문제를 찾는 데 전문가가 되어야만 그 정보를 이용해서 살아남을 수 있었기 때문이다. 인류가 지금까지 살아남은 것은 그런 편향 덕분이다.

힐다와 미리엄이 과즙이 풍부한 붉은 열매를 따려고 손을 뻗을 때 바스락거리는 소리가 들렸다. 두 사람은 남자들이 힘든 사냥을 마치고 돌아오면 배가 고프리라는 걸 알기에 언제나 그들이 돌아올 시간에 맞춰서 동굴 바닥에 저녁식사를 준비해두었다.

"그냥 바람소리야, 힐다, 진정해." 이것은 미리엄의 운명적인 마지막 말이 되었다. 검치호가 날카로운 발톱으로 미리엄의 등을 베고 바닥에 쓰러뜨리더니 깊은 숲속으로 끌고 갔다.

"이런, 저게 긍정 부인의 마지막 말이라니." 힐다는 전력을

다해 동굴로 질주하며 생각했다. 그녀가 서 있던 자리에는 빨
간 과일이 흩어져 있었다. "난 그게 바람소리가 아니라는 걸
알았는데."

우리가 긍정적인 성향을 갖고 진화했다면 지금 이 자리에 있지
못했을 것이다. 그런 성향은 죽음, 생식의 종말, 인류의 종말을
의미한다.

문제는 지금도 우리 뇌가 여전히 생존에 맞춰져 있다는 것이
다. 우리 뇌는 현대인의 부정적인 태도가 목숨이 위험하기 때문
이 아니라는 걸 모른다. 현대인의 부정성은 행복을 위협하므로
이제 우리는 다른 생각을 선택하고 뇌의 구조를 바꿔 우리만의
방식대로 진화할 수 있다.

감사는 진화 속도를 높이는 가장 효과적인 방법 중 하나다. 감
사를 근육이라고 생각해보자. 다른 근육과 마찬가지로 감사 근
육도 훈련을 많이 할수록 더 강하고 튼튼해진다.

하지만 감사가 별로 효과적이지 않은 경우도 있다는 것을 알아
야 한다.

감사는 의미 있는 실천이다. 감사를 느끼고 실천하면서 항상
감사를 경험할 수 있는 상태도 살아야 한다.

하지만 슬픔을 겪고 있다는 사실을 부정하기 위해 감사를 이용

하면 역효과를 낳을 수 있다. 친한 친구를 잃어 슬픔에 잠겨 있다고 생각해보자. 이럴 때 "그냥 우리가 함께 보낸 시간에 감사해야지, 뭐"라고 말하는 건 좋지 않다. 다른 길을 택하기 전에 자신의 감정을 온전히 느끼고 존중해야 한다. 물론 이런 마음의 준비가 충분히 되면 살면서 만난 멋진 사람에게 감사를 느낄 수도 있다.

열정적으로 사업을 시작해 새로운 프로그램을 출시했는데 실패했다고 가정해보자. 그렇다, 이건 내 개인적인 사례다. 나는 열심히 일해서 기업가들을 위한 멋진 프로그램을 만들었다. 프로그램을 잘 구성했고 그래픽도 적절했고 준비도 다 됐다. 그걸 출시하면서 필요하다고 생각되는 일은 다 해놓고 기업가들의 등록을 기다렸다. 하지만 아무도 등록하지 않았다. 아무도. 이 프로그램을 원하는 이가 한 명도 없었다. 나는 앉아서 심호흡을 몇 번 한 뒤 어떤 반응을 보여야 할지 선택하기 시작했다. 그리고 거짓 감사를 표하기보다 내 감정을 있는 그대로 받아들이면서 잘된 부분과 그렇지 못한 부분을 반성하기로 했다. 그 과정을 통해 비로소 나 자신과 내가 얻은 교훈에 진정으로 깊은 감사를 느낄 수 있었다. 의미 있는 감사였다.

감사가 효과를 발휘하지 못하는 경우가 또 있다. 감사하는 이유와 감정적으로 연결되지 못한 채 그냥 감사의 말을 뱉어내기만 한다면 그건 아무 가치도 없는 차갑고 의무적인 체크리스트에 불과하다. 그건 우리 뇌를 효과적으로 재구성하지 못하므로 더 행복해질 수 없다.

실 습 과 제

다음은 효과적이고 의미 있는 감사 실천의 핵심이다. 직접 시도하면서 어떤 기분이 드는지 살펴보자.

나는 _____ 에 고마움을 느낀다.
왜냐하면 _____ 때문이다.

'왜냐하면' 부분을 추가하면 감사하는 이유를 분명히 설명할 수 있고 이는 그 감정과 연결되는 데 도움이 된다. 이것이 가장 중요하다.
다 적었으면 반복해서 읽어보자. 감정이 생생히 느껴질 때까지 읽어야 한다.
자신의 삶에 감사를 불어넣으려면 이를 매일 실천해야 한다.
아침이나 저녁에 시간을 내서 매일 감사 연습하자. 일기를 쓸

본인이 행복해지도록 허락할 준비가 되었는가?

때 위와 같은 방식으로 감사를 표현하는 내용을 집어넣는 것도 괜찮다. 또 빠른 관점 전환이 필요할 때는 '온디맨드형 감사'를 이용해보자. 어디서 무엇을 하고 있든 상관없이 잠시 시간을 내어 감사한 일이나 감사한 사람을 생각하는 것이다.

행복에 영향 미치기

행복에 영향을 미치는 것들이 너무나 많은데 그건 전부 자신이 선택한 것이다.

주변 사람들을 생각해보자. 함께 사는 사람들, 함께 일하는 사람들, 함께 어울리는 사람들. 그들은 당신의 에너지 수준을 높이는가, 낮추는가? 당신을 지지하고 영감을 주는가, 아니면 단물만 빨아먹는가? 이들과 어떤 대화를 나누면서 하루를 보내는가? 남의 험담과 떠도는 소문에 대해 얘기하는가, 아니면 가능성과 아이디어, 기회에 대해 얘기하는가?

우리가 계속 곁에 두는 사람들은 우리 감정에 직접적인 영향을 미친다. 어떤 관계는 유해할 수도 있는데 그런 관계가 자신에게 어떤 영향을 미치는지 인식하는 것은 본인에게 달려 있다. 이는 그 사람들을 비판해서 해결될 문제가 아니다. 그들 각자의 여정은 다른 사람의 여정만큼이나 유효하고 가치가 있다. 따라서 무엇이 자신의 행복에 영향을 미치는지 인식하는 것은 본인의 능력에 달린 문제다.

이런 선택을 하려면 용기가 필요하다. 오랫동안 맺어온 관계라서 고민될 수도 있지만 이제 이런 관계가 본인에게 미치는 영향을 깨닫기 시작했을 것이다.

재닌은 불평의 여왕이었다. 하지만 다행히 올바른 방향으로 나아가겠다고 결심하고 두 번째 상담부터 자신의 타이틀을 '회복 중인 불평가'로 바꾸었다. 그녀의 친구들에 대해 얘기하다가 내가 물었다. "친구들과 통화할 때 주로 무슨 얘기를 하나요?"

"늘 다른 사람들 얘기를 하죠. 이런저런 소식도 공유하고, 직장에 있는 멍청한 사람들 욕도 하고, 누군가 우리를 짜증 나게 하면 그 얘기도 해요."

"그러지 말고 불평을 아예 그만두면 어떨까요?"

재닌은 정말 혼란스러워 보였다. "그러면 우린 무슨 얘기를 하죠?"

"당신 얘기요. 요새 무얼 하고 지내는지, 기분은 어떤지, 어떤 좋은 일이 있었는지 등에 대해 얘기하세요"라고 제안했다.

본인이 행복해지도록 허락할 준비가 되었는가?

"알았어요, 한번 해볼게요."

이제 친구들에게 다양한 질문을 던지고 자신에게 있었던 좋은 일에 대해서 얘기하게 된 재닌은 자기가 삶의 다른 영역에서도 불평을 늘어놓지 않는다는 걸 알아차렸다. 직장 생활이 더 즐거워졌고 파트너에게도 두 사람 사이에 있었던 좋은 일에 대해서만 얘기한 결과 에너지 수준이 기하급수적으로 증가했다. 게다가 친구들도 비슷한 일이 일어나고 있다고 말했다. 새로운 대화 방식을 시도하고 경계를 다시 정한 결과 친구들을 위한 변화의 촉매제가 된 것이다.

불평은 뇌를 부정적인 쪽으로 향하게 하고 우리를 무력한 상태에 빠뜨린다. 불평할 때마다 자기 마음에 "부정적으로 생각하면서 나쁜 기분을 느끼라"는 지시를 내리는 셈이다.

불평하는 습관이 행복의 흐름을 차단한다는 사실을 깨달아야 한다. 주변 사람들이 우리의 특정한 습관과 태도에 영향을 미치기도 하므로 변화를 이룰 때는 반드시 주변 사람들과 맺은 관계의 맥락을 살펴봐야 한다. 불평하기 좋아하는 사람들에게 둘러싸여 있다면 이런 상황을 어떻게 바꿀 수 있을지 생각해보자.

이 문제에 대해 신속한 결정을 내릴 필요는 없다. 자신에게 무슨 일이 일어나고 있는지 평가할 수 있는 기회다.

주변 사람들을 생각해보자. 이 글을 읽다가 떠오르는 사람이 있을 것이다. 일기장에 "＿＿＿＿과 어울릴 때 어떤 기분이 드는가?"라고 적어놓고 그들을 만나기 전에 했던 생각을 떠올려보자. 그들을 만난 뒤에는 기분이 어떤가? 그들에 대해 생각할 때 몸에서 어떤 반응이 나타나는가? 그들이 지금 당신 집 문을 두드린다면 기분이 어떨 것 같은가?

어떤 사람과의 관계를 완전히 끊겠다고 결심할 수도 있는데, 그래도 괜찮다. 모든 관계가 평생 이어지는 건 아니다.

어떤 관계는 경계만 잘 합의되면 상당히 개선될 것이라고 판단할 수도 있고, 또 어떤 이들은 정말 멋지고 대단하다는 사실을 깨닫고 그들과 더 많은 시간을 보내겠다고 의식적으로 결정할 수도 있다.

최근에 개인적, 직업적인 성장을 위한 행사에 참석했다. 3일간 진행된 몰입감 있는 경험이었고 정말 기가 막히게 좋았지만 지

본인이 행복해지도록 허락할 준비가 되었는가?

금 말하려는 건 그 행사에 관한 것이 아니다. 쉬는 시간에 화장실에 갔다가 멋진 여성들과 만나 20분간 변화에 관한 대화를 나눴다. 맞다, 여자 화장실에서는 종종 마법 같은 일이 일어나곤 한다. 젊고 활기 넘치는 한 여성은 기업가가 되려는 꿈을 이룰 준비를 하고 있었는데, 가족의 지지를 전혀 못 받는다고 했다.

"가족들이 날 사랑한다는 건 알지만 지금은 그렇게 느껴지지 않아요. 계속 나를 설득해서 꿈을 포기하게 만들려고 하고, 하는 말마다 의심이 가득해요. 그들은 내 가족이고 내게 많은 영향을 미치는 사람들이에요. 그러니 내 꿈에도 정말 큰 영향을 미치고 있어요."

"당신을 사랑하는 사람들은 당신을 보호하려는 마음이 강해요." 내가 설명했다. "그들은 당신의 신념을 느끼지 못하고 당신 꿈도 볼 수 없기 때문에 그냥 안전하게 보호하고 싶은 마음뿐이에요. 당신을 믿지 못하거나 당신이 행복해지는 걸 원치 않아서가 아니라 당신 패러다임을 보지 못하기 때문에 그러는 거예요. 그건 그들 문제니까 신경 쓰지 않겠다고 결심해야 해요."

그녀의 눈이 커지더니 즉시 내 말을 이해했다. 이제 그 여성은 상황을 다른 각도에서 바라볼 수 있게 되었고 가족들의 말에 흔들리지 않기로 했다. 그녀는 본인의 힘을 되찾았고 가족과 경계에 관한 대화를 나누기로 결심한 뒤 행복한 상태로 돌아왔다.

주변에 어떤 사람을 둘 것인지 직접 선택해야 한다. 서로 에너지를 교환하고 싶은 사람을 선택하자. 우리의 행복과 성공이 거기에 달려 있다.

환경의 힘

이제 행복에 영향을 미치는 요인 가운데 내가 가장 좋아하는 요인인 환경을 살펴보겠다. 자, 뭐든 쌓아두기 좋아하는 당신에게 하는 얘기다. 우리가 똑바로 인식해야 하는 것은 주변 사람들뿐만이 아니다.

우리의 외면은 내면을 반영하고, 내면은 외면을 반영한다.

지금부터 8년 뒤에 12번째 생일을 맞은 누군가가 집에 찾아올 경우에 대비해 생일파티용 숫자 양초를 종류별로 준비해 뒀다면, 이 섹션은 당신을 위한 것이니 잘 읽어보기 바란다.

언젠가 다시 날씬해질 날에 대비해 옷장에 세 가지 사이즈의 옷을 다 보관해 두고 있는 사람도 꼭 읽어보기 바란다.

부엌에 있는 잡동사니 서랍을 열면 압도당하는 기분이 들어서 서랍 여는 걸 피하는 사람이 있다면, 그 사람도 마찬가지다.

시어머니가 골동품 가게에서 즉흥적으로 사온 보기 싫은 조각

본인이 행복해지도록 허락할 준비가 되었는가?

상을 계속 간직하고 있는 사람도 꼭 읽어야 한다.

이사할 때 부엌 벽을 보자마자 색깔이 마음에 들지 않았고 지금도 볼 때마다 기분이 가라앉는데도 불구하고 아직 새로 칠을 하지 않았다면, 이 섹션 내용이 도움이 될 것이다.

주변 환경은 우리 에너지 수준에 큰 영향을 미치지만 가장 바꾸기 쉬운 것 중 하나이기도 하다. 분명하게 실재하는 것이므로 의식적, 지속적으로 정신을 재설계하고 재프로그래밍해야 하는 상황과는 다르다.

선택과 행동이 필요하지만, 그게 다다.

우리는 가치 있는 사람이고 부족한 부분이 없다. 따라서 주변 환경도 자기가 원하는 대로 바꿀 수 있다.

정리하고 청소하고 다시 꾸미는 것은 즉각적인 행복 유발 요인이다. 멋진 기분을 안겨주는 환경을 만들 수 있고, 그런 환경에서 시간을 보내면 기분을 느끼는 방식에도 영향이 생긴다.

우리 언니는 내가 정리정돈을 너무 자주 한다면서 놀리곤 한다. 아직 내 옷장에 옷이 남아 있는 게 놀라울 정도란다. 나는 항상 옷장을 살펴보면서 필요 없는 옷들을 주변에 나눠준다. 그러면 기분이 좋아진다. 이런 정리는 편안한 기분을 느끼는 데 도움이 되고, 그런 편안한 상태에서는 내가 원하는 힘을 얻을 수 있다. 그래서 그런 상태에 도달하기 위한 선택을 하는 것이다.

잡동사니는 어수선하고 부담스러운 기분을 주기 때문에 최대한 정리하고, 장식품이나 감상적이고 자질구레한 물건도 주변에 두지 않는다.

규모가 큰 작업을 할 준비가 되었으면 다음 단계로 넘어가자. 본인이 살고 있는 환경은 어떤 기분을 안겨주는가? 추운 것이 싫고 기분이 우울하다면 화창한 지역으로 이사하자. 지독한 더위와 습기를 견딜 수 없다면 산악지대에 가서 살자. 문제를 너무 단순화하고 있긴 하지만 내가 말하려는 요점은 이해할 것이다. 우리는 환경의 인질이 아니다. 자신의 삶을 변화시키고 행복을 뒷받침하는 선택을 할 수 있다.

이것이 나의 유일한 '환경 규칙'인데 당신도 자기만의 규칙을 만들기 바란다.

내게 기쁨을 주지 못하는 것은 버리거나 바꿔야 한다.

집을 둘러봤을 때 가구, 장식, 색상, 배치가 차분하면서 즉각적인 기쁨을 주지 못한다면 바꿔야 한다.

우리가 사는 환경과 관련해 가장 놀라운 사실 하나는 그것이 우리의 태도와 고차원적인 감정에도 영향을 미친다는 것이다. 슬픈 기분이 드는가? 잡동사니 서랍을 치우자. 기분이 우울한가? 옷장을 싹 정리하자. 압도당하는 느낌이 드는가? 차고를 청소하자.

본인이 행복해지도록 허락할 준비가 되었는가?

행복의 언어

우리 행복에 직접적인 영향을 미치는 것들 가운데 가장 중요한 게 바로 언어, 우리가 생각하고 말할 때 쓰는 언어다.

당신은 자기 입에서 나오는 말의 힘을 엄청나게 과소평가하고 있을 게 분명하다.

생각이 우리가 선택한 단어에 영향을 미치는 것처럼, 선택한 단어는 생각을 반영한다. 선택한 단어는 원하는 감정에 더 가까이 다가가게 한다. 선택한 단어는 세상에 대한 경험을 만들어낸다. 선택한 단어는 우리 마음을 긍정적인 자율권 쪽으로 이끌기도 하고 부정적인 무력감 쪽으로 이끌기도 한다. 선택한 단어는 뇌에 내리는 지시이며 우리 에너지와 수파수를 높이기도 하고 낮추기도 한다.

매년 건강검진을 받는 걸 두려워하는 이유는 무엇인가? 식료품 쇼핑에 전혀 관심이 없는 이유는 무엇인가? 말 때문이다. 그것에 대해 말하는 방식 때문에.

병원에 가야 하는데 "가는 데 오래 걸리고 대기시간도 너무 길어서 가기가 싫다"고 말한다면 어떻게 될까? 병원 가는 걸 두려워하게 될 것이다. 이에 대한 책임은 자신의 현실을 계속 만들어가는 본인에게 있다.

대신 이런 식으로 말했다면 어떨까? "진료받으러 갈 수 있는 병원이 있어서 다행이네. 그동안 시간이 없어서 못 읽었던 책을 들고 가서 대기실에서 기다리는 동안 읽어야겠다." 느낌이 얼마나 다른가? 지금도 병원 가는 게 두려운가?

마트에서의 경험은 "계산대 줄이 너무 길고 주차장에 자리도 없어서 가고 싶지도 않다"에서 "야호! 먹거리가 많네. 가족과 함께 먹을 식료품을 살 생각을 하니까 신난다. 집에서 조금만 가면 필요한 것들을 모두 살 수 있다니 얼마나 멋진 일이야"로 바꿀 수 있다.

차이가 느껴지는가?

자각 능력을 계속 높이다 보면 본인이 선택한 단어를 똑똑히 인식하게 될 것이다. 자신의 감정이 사용하는 단어의 힘을 보여주는 안내자 역할을 한다는 것도 알게 된다. 우리가 느끼는 감정은 선택한 단어에 직접적인 영향을 받는다.

언어적 지시를 몇 가지 살펴보자. 이는 삶을 변화시키는 데 도움이 되는 핵심적인 내용이다.

항상, 절대, 매번, 영원히, 아무것도 등 사방에 무언가가 만연한 느낌이나 영구적인 느낌을 주는 단어를 사용하지 말자. 그런 단어는 우리를 엄청나게 제한한다. "난 항상 모든 일을 감정적으로 받아들인다." 항상 대신 가끔, 때때로, 이따금 같은 단어를 사용

본인이 행복해지도록 허락할 준비가 되었는가?

해보자. 그러면 상황이 가볍게 느껴지고 기분도 가벼워진다. "난 때때로 그런 일을 감정적으로 받아들인다."

모든 단어가 지시어 구실을 한다. 따라서 항상이나 매번이라고 말하면 우리 마음은 그 지시에 따라 "그래, 알겠어! 그렇게 할게. 앞으로 모든 걸 감정적으로 받아들일 거야"라고 말한다.

우리 마음은 항상 우리가 원한다고 생각하는 일을 한다. 그리고 우리가 평소 사용하는 언어를 통해 원하는 게 무엇인지 알아낸다. 그게 바로 우리가 마음과 소통하는 방식이기 때문이다. 간단하지 않은가?

"난 결혼생활에 어려움을 겪고 있고 앞으로도 영원히 그럴 거야. 아무것도 변하지 않아." 우리 마음은 명확한 지시를 받았다. 하지만 모든 것은 일시적이라는 게 인생의 진실이다. 광범위하고 영구적인 언어를 사용하면 혼란에서 벗어나거나 기분이 좋아지거나 변화를 이루는 게 더 어려워진다.

본인의 현실에 맞지 않는 지나치게 극적인 단어를 사용하지 말아야 한다. '소름 끼치는', '끔찍한', '최악의', '충격적인', '처참한', '몸서리쳐지는', '파괴적인' 같은 단어를 남용하는 것은 재앙을 부르는 습관이다. 이런 단어를 쓰는 이유는 대개 사건을 극적으로 표현하기 위해서다. 물론 안타깝게도 우리는 충격적이고 끔찍하고 파괴적인 사건이 벌어지는 세상에 살고 있는데, 위와 같은 단어들은 바로 이런 사건이 일어났을 때 써야 한다. 하지만 행복의 길을 택하는 일상생활 속에서는 그런 극적인 단어를 배제해야 한다.

회의에 늦으면 정말 끔찍한 하루가 될까? 고객을 잃는 것이 정말 최악의 일일까? 배우자와 말다툼을 한 뒤 친구에게 전화를 걸어 소름 끼치는 상황이 벌어졌다고 말해야 할까? 몸매가 최상의 상태가 아니면 정말 처참해 보일까? 이런 단어를 사용하면 그에 걸맞는 현실이 만들어질 뿐이다. 그러니 그만하자.

새로운 언어 선택을 시작하는 데 도움이 될 유용한 아이디어를 몇 가지 알려주겠다. 무엇보다 본인이 어떤 표현을 많이 쓰는지 인식하고 그 결과에 따라 선택해야 한다. 언어 사용 방식은 쉽게 업그레이드할 수 있다.

- 빨랫거리가 너무 많아. 절대 안 끝날 것 같아. → 개킬 옷이 있다니 다행이야.
- 너무 바빠. 할 일이 너무 많다고. → 나는 정말 충만한 삶을 살고 있어. 축복받은 인생이야.
- 우리 아이는 정말 멍청해. → 그 아이의 대담한 태도가 언젠가는 본인에게 큰 도움이 될 거야.

본인이 행복해지도록 허락할 준비가 되었는가?

'난 못해'와 '그렇게 해야만 해'라는 말을 평소 쓰는 어휘집에서 제거하라고 말했는데, 단어의 힘에 관한 얘기가 나왔으니 여기서 다시 한번 강조하겠다. 이 말들을 아직 제거하지 않았다면 지금 당장 제거하자!

이제 행복을 좇아다니는 걸 그만두고 당장 행복을 선택할 준비가 되었는가?

우리 함께 '가치 있는 인간 만트라'를 되뇌어보자.

나는 가치 있는 사람이다. 나는 괜찮은 사람이다. 나는 강한 사람이다. 나는 원하는 걸 선택할 수 있다.

두려움과
사랑에 빠질
준비가 되었는가?

"당신이 원하는 모든 것은 두려움의 반대편에 있다."

— 잭 캔필드

이제 f로 시작하는 단어 중 내가 가장 좋아하는 단어가 무엇인지 짐작이 갈 것이다. 하지만 내가 두 번째로 좋아하는 f 단어를 놓고 생생한 대화를 나누지 않는다면 우리의 여정은 완성되지 않을 것이다.

그건 세상 모든 사람에게 가장 큰 장애물인 두려움fear이다.

이제 처음부터 하나하나 짚어보겠다.

두려움이란 무엇인가?

사전적 정의에 따르면, 두려움은 어떤 사람 또는 사물이 위험하거나 고통을 줄 가능성이 크거나 위협적이라는 생각 때문에 발생하는 불쾌한 감정이다.

이 정의에는 내가 좋아하는 내용이 매우 많다. 첫째, 두려움은

두려움과 사랑에 빠질 준비가 되었는가?

'불쾌한 감정'이라는 것인데 인간은 쾌락을 추구하는 존재다. 우리 목표는 고통을 피하고 즐거움을 추구하는 것이므로 두려움이 불쾌한 감정이라면 분명 느끼고 싶지 않을 것이다. 둘째, 두려움은 '생각 때문에 발생'한다. 앞서 내면의 힘에 관해 배우면서 믿음이란 그저 무언가를 반복해서 생각한 결과 진실이라 여기게 된 것이라고 말했다. 따라서 믿음은 언제든 바뀔 수 있다.

　내가 가장 좋아하는 주제 중 하나인 두려움을 깊이 파고들기 전에, 두려움과 위험을 명확히 구분해야 한다.

　두려움은 우리가 위험에 처했을 때, 그 상황이 생명을 위협하는지 식별해야 할 때 경고해주는 감정이다. 바다에서 수영을 하다가 상어 지느러미가 다가오는 것을 보면 두려움을 느끼게 된다. 길을 건너려고 하는데 갑자기 자동차가 자신을 향해 달려온다면 두려움을 느낄 것이다. 요리를 하다가 프라이팬 아래에 불이 붙은 것을 보면 두려움을 느낄 것이다. 이는 위험한 상황이며 이런 상황에서는 두려움이 도움이 된다.

　우리가 위험에 처했을 때만 두려움을 느낀다면 나는 이 챕터를 쓸 필요도 없었을 테고, 세상에 존재하는 모든 사람들은 최고의 삶을 살고 있을 것이다.

　그렇다면 위험하지도 않은 상황에서 두려움을 느끼는 이유는 무엇일까?

두려움은 미지의 세계로 들어가거나 심지어 미지의 세계로 들어가려는 생각만 해도 뇌에서 일어나는 생리적 반응이기 때문이다. 새로운 것을 시도하고 싶을 때, 삶에 변화를 주고 싶을 때, 사업을 성장시키고 싶을 때, 연단에 올라가 말하고 싶을 때, 중요한 대화를 나누고 싶을 때, 새로운 경계를 설정하고 싶을 때, 인생에서 뭔가 큰일을 하고 싶을 때도 두려움을 느끼곤 한다.

　왜냐고? 그렇게 진화했기 때문이다.

　지금은 21세기이고 사이버 공간을 통해 메시지를 전송하거나, 인터넷으로 무언가를 주문해 7분 뒤에 집 앞까지 오게 하거나, 지구 반대편에 있는 친구와 영상통화를 할 수도 있지만 두려움 반응을 수용하는 뇌 부위는 전혀 진화하지 않았다. 동굴에 살던 때에 사용하던 뇌의 원시적인 부분을 지금도 사용하고 있는 것이다. 힐다와 미리엄을 기억하는가?

　그러니 원시인 시절(물론 그때도 우리는 아주 멋진 사람이었다)에 그랬던 것처럼 살아남을 수 있는 유일한 방법은 위험한 상황을 극도로 경계하는 것뿐이다.

　우리 머릿속에는 매우 중요한 기능이 하나 있는데 바로 우리의 생존을 유지하는 기능이다. 그게 전부다. 그것은 우리가 행복하든, 성취감을 느끼든, 사업에 성공하든, 멋진 섹스를 많이 하든, 친구들과 즐거운 시간을 보내든, 웰빙을 우선시하든, 돈을 벌든,

　　　　　　　　　　두려움과 사랑에 빠질 준비가 되었는가?

내면의 평화를 느끼든 상관하지 않는다. 그것의 유일한 관심사는 우리가 살아남는 것이다. 두려움 반응은 뇌가 우리를 살아있게 하는 방식인데, 그 반응은 스트레스와 익숙하지 않은 상황에 의해서도 촉발된다.

아이러니한 점은 지금의 현실에서 원하는 현실로 삶을 바꾸려면 끊임없이 낯선 상황에 직면해야 한다는 것이다. 달라지고 변화하려면 기본적으로 미지의 것, 불확실한 것, 익숙하지 않은 것들 속으로 들어가야 하기 때문이다. 그런데 우리 뇌가 생각하기에 그것은 잠재적인 죽음을 뜻한다.

의식적으로는 그것이 말도 안 되는 헛소리라는 걸 알고 있지만 무의식적으로는 그런 사실을 이해하지 못한다. 의도는 좋지만 문제는 그것이 우리가 인생에서 원하는 모든 걸 얻지 못하도록 가로막고 있다는 것이다.

다행히 두려움과의 관계를 바꿀 수 있다. 우리는 두려움보다 강하다. 특히 두려움을 완전히 이해하면 더 강해질 수 있다. 아는 것이 힘이기 때문이다.

두려움을 가장 잘 묘사한 예를 하나 살펴보자. 다들 <오즈의 마법사The Wizard of Oz> 영화를 봤을 것이다.

이 영화에서 도로시와 사자, 허수아비, 양철 나무꾼은 모두 위대하고 강력한 오즈를 만나 원하는 것을 부탁하려고 에메랄드

시로 여행을 가고 있다. 도로시는 집으로 돌아가야 하고, 사자는 용기가 필요하고, 허수아비는 두뇌가 필요하고, 양철 나무꾼은 심장을 원했다. 꽤 간단해 보이지 않는가?

위대하고 강력한 오즈는 무시무시한 인물로 악명이 높았기 때문에 에메랄드 시로 향하는 동안 다들 두려워했다. 위대하고 강력한 오즈를 만나본 사람은 아무도 없지만 그가 크고 무서운 목소리의 소유자고 모든 것을 통제한다는 사실은 널리 알려져 있었다.

에메랄드 시에 도착한 일행은 위대하고 강력한 오즈에게 원하는 것을 부탁했다. 오즈가 대답하기 시작할 때, 도로시의 개 토토가 바구니에서 뛰쳐나와 크고 무서운 목소리가 들리는 커튼을 향해 달려갔다. 토토는 이로 커튼을 당겨 열어서 위대하고 강력한(실제로는 그렇지 않았지만) 오즈의 모습을 드러냈다. 사실 오즈는 거대한 마이크를 들고 있는 키가 147센티미터밖에 안 되는 왜소한 늙은이였다. 가장 보잘것없고, 가장 무섭지 않은 존재였던 것이다.

위대하고 강력한 오즈는 즉시 커튼을 닫고 크고 무서운 목소리로 계속 떠들려고 했지만 당연히 효과가 없었다. 이미 본 것을 잊어버릴 수는 없다.

우리의 두려움은 우리 머릿속에서 만들어낸 위대하고 강력한

두려움과 사랑에 빠질 준비가 되었는가?

오즈다. 한마디로 환상이라는 얘기다.

무엇을 두려워하는가?

지금 자기 삶의 어느 지점에 와 있는지 생각해보자. 원하는 지점에 있는가?

- 계속해서 피하게 되는 어려운 대화가 있는가?
- 꿈꾸던 사업에 대해 생각만 할 뿐 어떤 조치도 취하지 않고 있지는 않은가?
- 사업을 시작한 뒤 홍보를 하고 있는가?
- 승진을 꿈꾸지만 실제로는 지원하지 않고 있지는 않은가?
- 아는 사람이 별로 없어서 파티에 가는 것을 피한 적이 있는가?
- 행사에서 연설해달라는 요청을 받았는데 거절한 적이 있는가?
- 헬스클럽에서 멋진 사람을 보고 데이트 신청을 해본 적이 있는가?

이 문제들은 모두 두려움으로 덮여 있다.

이 책 시작 부분에서 내가 예전에 일반 기업에 근무했다는 얘기를 했다. 한 의료 컨설팅 회사에서 인사 및 사내문화 담당 부사장으로 일했다. 상당히 흥미진진한 일이었다. 모든 게 그럭저럭 괜찮았고, 다른 사람들에게도 계속 그렇게 말했다. 변화를 꾀해야 할 뚜렷한 이유를 찾지 못했다. 단 하나, 내가 '괜찮지' 않았다는 점만 빼고 말이다. 나는 일하는 시늉을 하고 회사의 요구사항을 충족하면서 안전한 길을 택하고 있었다.

내 안의 어떤 목소리가 날 괴롭혔다. 사실 그 목소리는 몇 년 전부터 나를 괴롭히고 있었다. "넌 지금 세상에 나눠주는 것보다 훨씬 많은 걸 가지고 있어. 정말 이게 전부야? 매일 이런 일만 하면서 살 수는 없어. 넌 위대한 일을 하려고 태어난 사람이야. 대체 뭘 기다리고 있는 거야?"

나는 사람들을 돕는 재능이 있었고, 인생을 변화시킬 수 있는 방식으로 다른 이들을 돕고 싶다는 깊은 소망이 있었다. 그래서 상담 치료, 코칭, 다른 여러 가지 치유 방식을 연구했다. 그중 코칭이 가장 적합하다고 판단해서 다니고 싶은 학교를 선택했고, 2년 동안 그 학교에 대해 꼼꼼히 조사하면서 몽상에 잠겼다. 2년 동안.

두려움과 사랑에 빠질 준비가 되었는가?

변화가 두려워서 계속 회사에 다녔다. 학교에 다시 다니겠다는 말이 튀어나올 뻔할 때마다 "지금도 괜찮잖아"라는 말로 자신을 달래면서 회사생활을 계속했다. 그리고 이런 나를 합리화했다. "나는 좋은 직장에 다니고 있어. 보수도 괜찮고 조직도 유연해. 이곳 사람들은 나를 좋아하고 나도 그들이 좋아."

하지만 속으로는 죽어가고 있었다. 나는 꿈을 좇을 능력이 있다는 것을 알았고, 그 일뿐만 아니라 무슨 일이든 할 수 있다는 것을 알았다. 당시 몰랐던 사실은 직장을 그만두고 학교로 돌아가지 못하는 게 두려움 때문이라는 것이었다.

두려움은 "네가 정말 그 일을 할 수 있다고 생각해? 해내지 못하면 어떻게 할 거야? 학교에 다시 다니려고 많은 투자를 했는데 아무 소용이 없으면 어떻게 하지? 네가 생각만큼 능력이 좋지 않다면? 널 고용하는 사람이 아무도 없으면 어떻게 할 거냐고? 너무 위험한 일이야"라고 말했다.

그러던 어느 1월의 멋진 밤, 바다가 내려다보이는 호텔 발코니에 앉아 있었다. 내면의 목소리가 들릴 정도로 조용했다. "해봐, 트레이시. 때가 됐어. 인생의 마지막 순간에 후회에 가득찬 채로 과거를 돌아보면서 왜 그때 기회를 잡지 않았는지 한탄하지는 말아야지. 해보자. 넌 이 일을 위해 태어났어." 그 즉시 의자에서 일어나 방으로 들어가 노트북을 켜고 코칭스 쿨에 등록했다. 드디어 결심한 것이다. 여전히 두려움이 남아 있었지만 선택의 힘이 더 강했다. 그후 개인적인 성장, 학습, 경험을 통해 두려움과 그 의도를 이해하게 되었다. 나는 두려움과 사랑에 빠졌다. 그렇다. 그것과 사랑에 빠졌고 그 이후 줄곧 두려움의 힘을 활용하고 있다.

두려움 분석

당시 내 머릿속에서 실제로 일어난 일과 두려움의 출처를 살펴보자. 그건 사실 당신 내면에서 일어나는 일과 동일하다. 인간의 공포 반응은 생물학적인 것이므로 누구도 피해갈 수 없다.

나는 중요한 일을 벌일 준비를 하고 있었다. 그건 익숙한 영역에서 벗어나 낯선 곳을 향해 나아가는 것이었다. 그때 내 마음이 가장 먼저 한 일은 과거에 비슷한 경험을 했던 증거를 찾는 것이었다. 이 잠재적인 움직임이 안전한지, 안전하지 않은지 알아보려고 말이다. 두려움의 유일한 목표는 나를 계속 살려두는 것이라는 걸 기억하자.

이전에 이런 일을 했다는 증거가 없어서 머릿속 서류함에서 아무엇도 찾지 못했기 때문에 이 일은 안전하지 않다는 꼬리표가 붙었다.

그래서 스트레스 신호가 방출되었다. "위험! 위험! 위험! 이 인간이 죽을 수도 있어!"라는 신호가 공포 반응을 일으키는 편도체로 전송되었고, 편도체는 내가 이 인지된 위협에 다가가지 않도록 하기 위해 다양한 노력을 기울였다.

그 일이 정말 그럴듯해 보이지? 하지만 네 인생이 바뀔 수도 있어.

편도체가 기울인 노력 중에는 의심, 우려, 망설임이 담긴 속삭임을 머릿속에 퍼뜨리는 것도 포함되어 있었다. 이런 위협을 인식한 탓에 2년 동안 행동을 취하지 못했다. 하지만 나는 여전히 꿈을 꾸고 있었고 여전히 싸우고 있었고 결국 내가 원하는 것과 연결되어 두려움을 이겨냈다.

우리 모두 그것에 고마워해야 한다. 나는 여기에서 내가 지닌 최고의 모습을 보여주고 있고, 당신은 지금 내가 쓴 책을 들고 있다. 이런 일이 일어날 줄은 몰랐다. 만약 알았다면 2년 넘게 기다리지 않았을 것이다.

두려움과 사랑에 빠지다

두려움은 여전히 우리 곁에 존재하고 앞으로도 그럴 것이다. 내가 두려움을 이해하고 미친 듯이 사랑한다고 해서 두려움이 사라진 것은 아니다. 오히려 지금은 함께 협력하고 있다. 두려움을 전혀 느끼지 않는 대담무쌍함이 능사는 아니다. 그런 상태는 신화에 불과하며 솔직히 나는 그것이 우리에게 해가 된다고 생각한다. 두려움이 없어질 수 있다고 믿더라도 여전히 두려움을 느낄 뿐만 아니라, 두려움이 사라지지 않으면 자신에게 뭔가 문제가 있다고 여기게 되기 때문이다.

두려움은 생리적인 현상이고 인간 조건의 일부이며 익숙하지 않은 일을 시작하려고 할 때마다 나타날 것이다. 익숙한 영역에서 벗어나 불확실한 상황으로 진입하기 시작하거나 그런 생각을 할 때마다 세상에서 가장 믿음직한 개처럼 두려움이 바로 우리 곁에 있을 것이다.

두려움은 우리를 보살피려고 하는 것뿐이니까 걱정할 필요 없다.

이제 두려움이 무엇이고 왜 나타나는지 이해했으니 그 본질을 확인하고 사랑할 수 있다.

사실 두려운 기분이 드는 것은 우리의 변화를 확인시켜주는 증거다. 익숙한 영역을 넘어 자신이 열광하는 삶을 만들어가고 있다는 가장 분명한 표시이기도 하다.

두려움을 느끼는 것은 우리가 뭔가를 하고 있다는 뜻이다!

두려움과 사랑에 빠지기로 결심하면 두려움에 대한 저항이 무너진다. 무언가에 저항하면 그것이 지속되면서 더 커지고 더 강력해진다는 사실을 기억하자.

실 습 과 제

테이블 건너편에 있던 것을 옆자리로 끌어오면 얼마나 강력한 힘을 발휘할 수 있는지 이미 경험해봤다.

이제 두려움에 대해서도 똑같은 작업을 할 것이다.

당신은 테이블 한쪽에 있고 두려움은 그 반대편에 앉아 있다.

자신이 두려워하는 것이 바로 앞에, 테이블 건너편에 있는 것이 보인다.

테이블 너머로 손을 뻗어 두려움을 만져보자. 그걸 자기 쪽으로 끌어와 무릎 위에 앉힌다.

그리고 두려움에게 말을 걸자. "안녕, 난 너를 보고, 느끼고, 좋아해. 나를 안전하게 지키려는 것이 네 의도인 건 알지만 나는

위험에 처하지 않았어. 나는 성장하고 있고 이건 나한테 좋은 일이야. 원한다면 내 곁에 머물러도 되지만 네 에너지를 사용해서 나를 지지할 수 있을 때만 가능해. 무슨 말인지 알겠지? 그렇게 해보자."

이제 당신은 두려움과 사랑에 빠졌다. 저항을 깨뜨리고 두려움을 자기 쪽으로 끌어온 것은 '근본적인 개인적 책임'을 받아들이고 그걸 사랑하기로 결심했다는 뜻이다. 이제 당신은 막을 수 없는 존재가 되었다.

랜디는 눈에 띄는 내담자였다. 겉으로는 모든 것이 완벽해 보였다. 사랑하는 여자친구가 있고, 근사한 집에 살고, 꿈꾸던 사업을 운영하면서 중요한 일을 진행하고 있었다. 뭐든지 수월하게 해내는 듯했지만 실은 그 모든 게 보이는 것과 달랐다.

"원하던 걸 전부 갖고 있지만 그 모든 것과 단절된 느낌이에요. 내가 창조한 놀라운 삶을 왜 즐기지 못하는 걸까요?"

랜디가 그 말을 하는 동안 아무 감정도 느껴지지 않았다. 그녀가 사랑에 빠진 것도 본인이 말해줘서 알았고, 성공적인 사업체를 운영한다는 것도 업무 중에 생긴 일을 자세히 설명해줘서 안 것이다. 하지만 그녀가 말하는 동안 아무것도 느끼지

두려움과 사랑에 빠질 준비가 되었는가?

못했다. 실은 자신의 인생을 설명한 게 아니라 식료품 쇼핑 목록을 읽어준 것일지도 모른다.

"두려워하는 게 뭔가요?" 내가 물었다.

랜디는 아무 감정 없이 "아무것도 두렵지 않아요"라고 간단히 대답했다.

"무언가를 두려워한다면 그게 뭘까요?"

랜디는 이 질문에 대한 답을 생각하느라 잠시 말을 멈췄다. 우리 둘 다 그녀가 자신 있게 대답할 것이라고는 기대하지 않았다. "내가 취약하다는 사실을 드러내는 게 두렵고 모든 걸 잃는 것이 두려워요. 그러면 나는 어떤 사람이 될까요?"

대답을 끌어내는 데 성공했다. "당신은 취약한 면을 보여주는 데 익숙하지 않아요. 취약성에 익숙하지 않기 때문에 당신의 두려움 반응이 그걸 위협으로 간주하는 거죠. 공포 반응이 매일 메시지를 보내 감정이나 취약성이 당신을 죽일 수도 있다고 말하는 거예요. 그러니까 당신은 단절감을 느끼는 거고요."

방금 당신에게 알려준 실습을 랜디도 하게 했다. 그녀는 취약성에 대한 두려움을 자기 무릎에 앉힌 채 몇 년 만에 처음으로 눈물을 흘렸다. 우리는 그 눈물과 두려움 반응의 경고에도 불구하고 그녀가 죽지 않았다는 사실을 축하했다.

두려움 반응이 촉발되는 이유가 크든 작든, 유형이든 무형이든 상관없다. 두려움을 사랑하면서 함께 뇌에 새로운 경로를 만들어 익숙하지 않은 것에 익숙해지도록 노력해야 한다. 이건 일회성으로 끝나는 실습이 아니다. 앞으로도 많은 변화가 생길 테니 몇 번이고 반복해야 한다. 이걸 한다는 것은 당신이 변화와 발전을 거듭하고 있다는 증거이므로 축하할 가치가 있다.

두려움 식별

우리는 온갖 종류의 두려움에 직면해 있다. 그중 일부는 쉽게 식별할 수 있지만 일부는 위장되어 있다. 두려움은 교활하고 사소한 것일 수 있다.

- 실패에 대한 두려움
- 미지의 것에 대한 두려움
- 대립에 대한 두려움
- 성공에 대한 두려움
- 거부에 대한 두려움

두려움과 사랑에 빠질 준비가 되었는가?

- 자신이 부족한 사람이라는 두려움. 당신은 언제나 부족함이 없기 때문에 이건 내가 가장 싫어하는 두려움이다.

우리는 지금까지 가치 있는 인간으로서 선택할 수 있는 것, 인식을 높이고 마음을 다스리기 위해 선택할 수 있는 것에 대해 많이 배웠기 때문에 이 모든 두려움을 헤쳐나갈 수 있다.

가장 만연한 두려움인 거부에 대한 두려움부터 살펴보자.

먼저 어떤 두려움(이 경우 거부에 대한 두려움)은 우리가 그것과 연관시킨 의미 때문에 존재한다는 사실을 알아야 한다. 거부가 곧 자신이 부족한 사람임을 뜻한다고 여긴다면 거부를 두려워하게 될 것이다. 하지만 사실 거부는 아무것도 아니다. 거절당하더라도 우리 존재의 충분함에 실질적인 영향이 생기지는 않는다.

거절당하는 것을 두려워하는 사람은 경계를 정하지 않는다. 자신을 희생해서라도 남들을 기쁘게 해주려고 한다. 당당한 모습을 보이지 못하고, 상황을 감정적으로 받아들이고, 다른 이들에게 좋지 못한 대접을 받아도 참기만 한다.

하지만 거절당하는 것쯤 별일 아니라고 여기면 두려워할 게 하나도 없다.

거부에 대한 두려움을 무릎에 앉히고 상황을 설명할 수 있다. "꼬마야, 나를 안전하게 지켜줘서 고마워. 정말 고맙지만 거절을 두려워할 필요는 없으니까 저 무대에 올라가서 우리 일에 대해 이야기하고 우리와 함께 어울릴 사람 없는지 물어보자. 알겠지?"

청하지도 않은 의견을 듣고 두려움 반응이 잠재적인 위협을 발견했을 때도 내 이론을 실행에 옮겨야 했다. 나는 온라인 라이브 방송을 꾸준히 진행하고 있고 이 일을 좋아해서 영상도 계속 제작한다. 그렇게 사람들 앞에 모습을 드러내다 보면 사람들이 나에 대한 의견을 품게 된다. 나는 그걸 전혀 통제할 수 없고 통제하고 싶지도 않다. 내가 통제할 수 있는 건 그 의견에 내가 반응하는 방식과 일어나고 있는 일에 부여하는 의미뿐이다.

그래서 온라인 라이브 방송을 하면서 여러 가지 이야기도 하고 지식도 공유하면서 즐거운 시간을 보냈다. 시청자들이 댓글을 달고 나는 그들이 남긴 질문을 보면서 코칭을 해줬다. 그러다가 갑자기 "말이 너무 많네. 욕하는 것도 불쾌하고. 신한테 의지해야지"라는 댓글이 떴다. 세상에.

이 댓글은 누구나 볼 수 있었고, 만약 내가 거부에 대한 공포 반응과 멋진 관계를 맺지 않았다면 방해를 받았을 수도 있다. 내 세상에서 거부는 별로 중요한 일이 아니다. 거부는 선택이다. 나는 이런 두려움에 여러 번 직면하면서 완전히 새로운 경로를 만들었고, 덕분에 이제 거부는 위협이 되지 않기 때문에 내 편도체는 그런 일이 일어나고 있다는 사실조차 인식하지 못했다. 나는 그냥 "좋아요, 의견 공유해주셔서 감사합니다"라고 말한 뒤 계속 진행해나갔다. 거부가 중요한 일이 아니라고 여기면서 진심으로 받아들이지 않는다면 남에게 거부당할 수 없기 때문이다.

이것이 바로 우리가 하고 있는 실습의 힘이다. 우리는 일관된 선택을 통해 자신의 진정한 모습을 만들어 간다.

좀 더 은밀하게 위장된 두려움은 어떨까? 두려움의 잠복 요원인 자기 파괴 행위를 말하는 것이다.

이는 미루기, 완벽주의, 무활동, 무절제한 폭식, 쇼핑, 음주 등 목표 달성을 방해하는 다양한 행동을 가리킨다. 익숙한 얘기처럼 들리는가?

이런 자기 파괴적 행동은 앞서 언급한 한 가지 이상의 두려움을 위해 은밀히 작용하고 있다.

이것이 원하는 것을 얻기 위한 본인의 능력을 방해하고 있다면, 뭔가를 두려워하는 것이다.

벨린다는 완벽주의자다. 사업을 시작하기 위한 계획을 몇 달에 걸쳐 세우면서 모든 것을 꼼꼼하고 세밀하게 계획했다. 그녀의 계획 폴더는 정말 훌륭했다.

"오픈 일정은 어떻게 되어가고 있나요?" 그녀가 상담을 받으러 오기 전 일주일 내내 그 계획에 몰두했을 것이라고 확신하면서 물었다.

"웹사이트는 아직 준비되지 않았어요. 웰컴 화면의 분위기가 괜찮은지 확인해야 하는데 아직 확신이 서지 않아서요."

"아직 초안이 완성되지 않았나요?" 벨린다의 계획 폴더에 7개의 초안이 있다는 사실을 잘 알면서도 이렇게 물어봤다.

"사실은 초안 개요 정도만 만든 상태예요. 아직 작업을 더 해야 돼요." 그녀의 말은 우리 둘 중 누구에게도 설득력을 발휘하지 못했다.

"웹사이트를 지금 상태대로 오픈하면 어떻게 될까요?"

"그럴 수는 없어요. 완성되지 않은 웹사이트를 보고 사람들이 어떻게 생각하겠어요?" 벨린다는 '게시' 버튼을 누르고 자신의 불완전한(그녀의 정의에 따르면) 웹사이트를 세상에 공개한다는 생각에 눈에 띄게 동요했다.

"글쎄요, 잘 모르겠네요. 사람들이 어떻게 생각하는데요?"

"다들 내가 아직 이 일을 할 준비가 안 됐고, 이 일을 할 실력이 부족하다는 걸 알게 될 거예요."

"첫째, 당신은 지금 전혀 부족함이 없는 상태예요. 언제나 그랬죠. 당신이 뭔가를 완벽하게 혹은 불완전하게 한다고 해서 그 사실이 달라지지는 않아요. 내 말 이해했나요?"

두려움과 사랑에 빠질 준비가 되었는가?

"네, 그건 알아요."

"둘째, 사람들이 어떻게 생각하든 상관없어요. 무언가를 완벽하게 만들려고 죽도록 노력할 수는 있지만, 모든 사람을 만족시키는 건 불가능해요. 당신은 피자가 아니라고요."

벨린다는 웃으면서 긴장을 풀기 시작했다. 그녀는 내가 얘기하는 방향으로 잘 따라오고 있었다.

"자, 본인이 부족함이 없다고 생각하고 사람들이 어떻게 생각하든 신경 쓰지 않기로 결정했다면, 지금 웹사이트에 대해 어떤 선택을 하겠어요?"

"그야 쉽죠. 게시 버튼을 누르고 작업을 완료할 거예요. 기분이 너무 좋네요."

벨린다는 실제로 그렇게 했다. 그날부터 완벽주의와의 관계가 바뀌기 시작했다.

완벽주의는 자신이 부족하다는 두려움 때문에 비밀리에 활동하고 있었다. 완벽함을 위해 노력할 때는 통제력을 발휘할 수 있었고 자신이 충분히 괜찮다고 믿었다.

아이러니한 점은 벨린다를 처음 만났을 때는 완벽주의를 자랑스럽게 내세웠다는 것이다. 하지만 이제 자신은 부족한 부분이 없고 웹사이트나 다른 어떤 것도 자신의 충분성에 영향을 미치지 않는다고 믿으면서 두려움 습관에서 벗어나고 있다.

벨린다는 새로운 생각과 신념을 계속 실천하고 있으며 자신의 마음을 다스리는 도구, 그러니까 당신이 지금 가지고 있는 것과 동일한 도구와 기술을 사용한다.

과거의 완벽주의 습관이 추악한 머리를 들려고 하면 의식을 한 층 고조시킨다. 하던 일을 멈추고 의도적으로 심호흡을 한다. 그리고 "나는 부족함이 없는 사람이다. 사람들이 어떻게 생각하든 전혀 상관없다"라는 새로운 생각과 신념을 되새긴다. 그러면 그 상태에서 본인이 느끼고 싶은 감정이나 경험하고 싶은 결과에 어울리는 새로운 선택을 할 수 있다. 벨린다는 노력했고 그 노력이 효과를 발휘했다.

이것만으로도 대단하지만 벨린다가 새로운 것, 본인에게 익숙한 영역 밖에 있는 것을 선택할 때마다(예: 불완전함을 받아들이는 것) 두려움이 무의미하다는 새로운 증거가 쌓이고 있다. 그리고 이 작업이 갈수록 쉬워진다.

정말 신나는 일이다. 나는 이런 성장 스토리를 좋아한다!

어떤 사랑스러운 젊은 여성이 내가 주최한 행사에 참석했다.

그녀는 자리에서 일어나 마이크 앞으로 다가가서 이렇게 말했다. "저는 한동안 자기계발에 푹 빠져 있었어요. 책도 읽고 이런 강연에도 참석하면서 전보다 행복해지는 기분을 어느 정도 느꼈는데 갑자기 중단했어요. 또 새로운 부업에 흥미를 갖고 돈을 더 많이 벌기 시작했는데 어느 날 갑자기 주의가 산만해지면서 그 일을 중단했죠. 그러다가 이런 자신한테 기분이 안 좋아지면 처음부터 다시 시작하는 거예요."

"당신을 가로막는 게 뭔가요?"

"모르겠어요. 알았다면 멈추지 않았을 거예요."

"좋아요. 그럼 알아낼 때까지 문제를 계속 살펴보도록 하죠. 괜찮죠?"

"네, 부탁드릴게요."

"행복하다고 느끼면 당신 인생에 어떤 변화가 생길까요? 부업으로 성공해서 돈을 많이 벌면 인생에 어떤 변화가 있어날까요?"

"행복감을 느끼면서 돈도 벌고, 인생이 아주 멋지게 변할 거예요!"

"맞아요. 하지만 정말로 그렇게 생각했다면 자신을 방해하거나 본인이 가는 길을 가로막지 않았을 거예요. 계속 파헤쳐 보죠. 당신이 행복해지고 부자가 된다면 누가 영향을 받을까요? 당신은 뭘 두려워하는 건가요?"

그녀의 뺨에 눈물이 흐르기 시작했다. 이는 우리가 핵심에 도달했다는 뜻이다!

"가족들이 어떻게 생각할지 두려워요. 그들보다 더 성공하는 게 두려워요."

"계속 얘기하세요. 지금 자신을 위해 아주 훌륭한 일을 하고 있어요."

"우리 집은 별로 풍족하지 못해요. 가족들은 평소 부자들에게 꽤 비판적이고 그들을 동정하려고 해요. 내가 행복해지고 돈도 많이 벌면 가족들과 단절될까 봐 두려워요. 세상에, 그게 날 계속 방해했던 거예요."

바로 그거였다. 공포. 진정한 두려움, 그녀가 행동을 멈춘 이유였던 진짜 급소, 일을 미루는 방해 행위.

이것은 인식이 곧 치료가 되는 순간이었다.

그녀는 그동안 이런 생각 때문에 무력해졌다는 사실을 깨달았고, 자신이 원하고 마땅히 누려야 할 삶을 경험하면서 계속 성장하려면 그런 생각을 버려야 한다는 것도 알게 되었다.

그래서 인식을 고조시키고 새로운 힘을 안겨주는 생각과 신념을 계속 실천하면서 노력했다. 그리고 이를 바탕으로 행복하고 돈도 잘 버는 자아에 어울리는 선택을 계속해나갔다.

두려움과 사랑에 빠질 준비가 되었는가?

자기 파괴 행위의 이면에 있는 것을 벗겨내면 마치 각성한 듯한 기분이 든다. 다행히도 이런 계시의 순간은 영영 잊을 수 없다.

시각적으로 전달하자

나는 두려움을 좋아하는 만큼 비전 보드도 좋아한다. 매년 비전 보드 워크숍을 진행하면서 이 과정에 대한 열정을 사람들에게 전하고 있다. 우리 마음은 이미지와 단어로 소통하므로 비전 보드는 새로운 현실 창조를 지원하는 데 매우 효과적이다. 내가 진행하는 비전 보드 워크숍 참석자들은 자신이 달성하고 싶은 목표가 무엇인지 명확하게 알 수 있다. 우리는 그들의 내면 깊숙한 곳까지 파고들어서 아직 목표를 이루지 못한 이유를 확인하고 공개한 다음, 그들의 인생 비전과 관련된 이미지로 가득한 보드를 만든다. 이건 실제로 효과를 발휘하는 강력한 프로세스다. 우리 마음이 정한 규칙을 사용해서 마음과 협력하기 때문에 매우 강력하다. 마음은 이미지와 단어를 통해 우리가 원하는 것을 전달받은 다음 그것을 얻기 위해 노력한다. 그 정보를 매일 선명한 이미지와 단어로 입력한다면 효과가 있을 것이다.

워크숍을 진행하면서 사람들이 시각화 실습을 하도록 이끌었다. 그들이 명상 상태에 빠져들면 내 말과 질문을 통해 그들을 발견의 장소로 안내한다. 자신이 원하는 것이 무엇이고 어떤 사람이 되고 싶은지, 어떤 기분을 느끼고 싶은지 명확하게 파악하기 위한 것이다.

실 습 과 제

내가 가장 좋아하는 실습을 직접 해보자. 이미 익숙한 방법일 수도 있다. 여든다섯 번째 생일에 흔들의자에 앉아 자신이 살아온 비범한 삶에 대한 이야기를 나누고 있다고 상상해보자. 이야기에 푹 빠진 청중이 있으니 그를 최대한 활용하자. 지금까지 겪은 모험, 사랑하게 된 두려움, 만나온 사람들에 대해 이야기하자. 살면서 얻은 교훈과 내렸던 선택을 공유하고 후회하는 일이 있으면 그것도 말하자. 정말 시간을 들여서 이런 일들을 모두 떠올리며 하나하나 적어보자.

워크숍에는 명확성 때문에 고민하는 사람들이 몇 명 있다. 원하는 것을 모호하게 설명할 수는 있지만 세부 사항이 부족했다.

두려움과 사랑에 빠질 준비가 되었는가?

우리 마음에 정확한 정보를 제공하고 싶다면 세부 사항이 중요하다.

이 실습을 시도해봤지만, 여든다섯 살에 흔들의자에 앉기 전까지 이루고 싶은 게 뭔지 잘 모르겠다면 다음 질문에 답해보기 바란다. 당신은 무엇을 두려워하는가?

명확성이란 자기가 원하는 곳을 선언하는 것인데, 이는 우리 생각을 즉시 미지의 세계로 밀어 넣는다. 그러면 두려움 반응이 일어나고, 경고 신호 때문에 마음이 흐려져 모든 게 어슴푸레해지면서 "나는 몰라, 모르겠어" 같은 말만 하게 된다. 뭐, 흔들의자에 앉아 자신이 원하는 게 뭔지 몰라서 평생 아무 것도 하지 않았다고 말하고 싶다면 상관없다.

활동 중인 다른 비밀요원이 우리 마음에 다른 경고를 할 수도 있다. "목표가 명확하다면 나서서 행동을 취해야 하는데 그건 아무래도 위험해 보인다. 그 경우 무슨 일이 일어날지 우리는 모른다." 미지의 세계로 모험을 떠날 계획을 세우면 두려움 반응이 촉발된다. "실패하면 어쩌지? 성공하면 어쩌지?"

원하는 것이 명확해지면 이제 행동을 취해야 하기 때문이다. 이제 모습을 보여야 할 때다. 과거에 해본 적이 없고 그런 일을 하고도 살아남았다는 증거를 찾지 못하면 위험한 일로 표시된다. 그리고 마음은 우리를 안전하게 생존시키기 위해 이 일을 하지 못하게 막으려고 최선을 다할 것이다.

실 습 과 제

자신의 두려움이 무엇이고 그것이 삶 속에 어떤 모습으로 드러
날지 고민하고 있을 것이다. 이번 기회에 직접 확인해보자.

· 이런 두려움과 위장된 두려움 가운데 공감 가는 것은 무엇
  인가?
· 성장하거나 익숙한 영역에서 벗어나는 것과 관련해 어떤
  두려움을 품고 있는가?
· 두려움 때문에 하지 않는 일은 무엇이고, 행동을 취하지 않
  는 지점은 어디인가?
· 자신의 두려움을 인식하지 못하고 그래서 사랑에 빠지지
  못하면 어떤 대가를 치르게 되는가?
· 자신에 대해 완전히 솔직하게 얘기하면, 두려움이 어떤 모
  습으로 나타나는가(미루기, 행동하지 않음, 숨기)?

두려움과 사랑에 빠질 준비가 되었는가?

두려움에게 보내는 편지

두려움과의 관계를 완전히 바꿀 준비가 되었다면 내가 가장 좋아하는 실습 방법 중 하나인 두려움에게 보내는 편지를 써보자. 자신의 두려움을 존이라고 부르는 사람이 있는지는 모르겠지만, 이건 잘 알려진 '디어 존' 편지(이별 편지)와 비슷한 것이다.

어느 날 오후에 달리기를 하다가 문득 떠오른 생각이다. 당시 상당히 중요한 결정을 몇 가지 내리던 중이라 도처에서 두려움을 느끼고 있었다. 그래서 두려움에게 편지를 써야겠다는 생각이 들었다. '사랑하는 존, 우리 관계에 변화가 생기지 않으면 아무래도 헤어져야 할 것 같아' 같은 편지 말이다.

달리기를 마치고 돌아가서 노트북을 켜자 마법 같은 일이 일어났다. 완전히 해방된 기분을 느낀 것이다. 처음 쓴 이후로 전혀 손보지 않은, 두려움에게 보내는 편지를 공개한다.

두려움에게,

이건 네 책임이 아니라 내 책임이야. 그래, 정말 내 책임이야.

우리는 흥미로운 일을 해왔지만 결국 원하는 결과를 얻지 못할 거야. 우리의 역동성은 형편없어. 이제 내가 개인적인 책임을 지고 내 힘을 되찾아야 할 때가 됐어.

네가 우리 관계를 이끌고 통제하게 놔뒀지만 그건 내게 좋지 못한 영향을 미쳤어. 내 삶의 잠재력을 방해했거든. 그리고 물론 너한테도 공평하지 않아. 네게 심술궂게 굴거나 미워하거나 곁에 없기를 바라지는 않거든. 그건 정말 에너지 낭비야!

네가 무슨 생각하는지 알아…… 그냥 나를 보호하려는 것뿐이겠지. 내게 최선이라고 생각되는 걸 원하고, 내가 안전하기를 바라지. 그건 정말 고맙게 생각해. 문제는 내가 그것보다 훨씬 많은 걸 원한다는 거야.

깊은 행복을 원하고, 성장과 번영을 원하고, 수천 수백만 명에게 영향을 미치는 사업과 유산을 일구고 싶어. 큰 무대에서 연설을 하고 베스트셀러 작가도 되고 싶어. 남의 청을 거절하고도 신경 쓰지 않는 사람이 되고 싶어. 사람들이 뭐라고 생각할지 걱정하지 않고 내 본모습을 있는 그대로 드러내고 싶어. 일단 승낙부터 하고 방법은 나중에 생각하고 싶어. 속도를 늦추고 이 순간을 즐기고 내 영혼과 행복을 키울 시간을 갖고 싶어. 내 경이로움과 성취감의 다음 단계가 저 건너편에 있다는 걸 아니까 아무리 힘들어도 목표를 추구하고 싶어. 그리고 이건 시작에 불과해…….

그리고 네가 그냥 자연스럽게 일어나는 일을 처리하고 있다

두려움과 사랑에 빠질 준비가 되었는가?

는 것도 알아. 또 너는 나의 일부이고 우리는 평생 함께 해왔으니 앞으로도 계속 주변에 있으리라는 것도 알아.

그래서 우리 관계의 조건을 재정의하려고 해(아니, 협상의 여지는 없어. 난 네 의견에 관심이 없으니까…… 네가 오랫동안 관계를 주도해왔는데 그게 어떤 결과를 불러왔는지 봤잖아).

네가 모습을 드러내면 인정하고 환영하겠지만 일을 주도하는 건 나야. 네가 늘 좋은 의도를 가지고 있다는 건 알지만 내가 원하는 것이 뭔지, 내게 중요한 것이 뭔지는 전혀 몰라.

나와 같이 놀고 어울리는 건 허락하겠지만, 이제부터 우리는 테이블의 같은 쪽에 앉을 테고 네 에너지를 이용해 내가 원하는 것에 자신감과 확신을 더하도록 도와줘야 해. 나와 반대되는 의견을 강요하려고 하면 다시는 너와 놀지 않을 거야. 무슨 말인지 알겠지? 좋아.

내가 낯설고 불편한 일을 생각하거나 실행할 때마다 멈추기를 바라는 마음에 나를 두려움에 빠뜨리는 경향이 있다는 건 알아. 문제는 내가 위험에 처한 게 아니라는 거야. 진짜로. 넌 세상 모든 게 날 죽일 거라고 생각하니까 위험해 보이겠지만 그건 위험한 게 아니라 그냥 새롭고 불편할 것일 뿐이야.

물론 어두운 골목을 걷거나 뜨거운 난로 근처에 있는 등 실제로 위험에 처한 경우에는 네가 앞장설 수 있어. 하지만 그럴 때 외에는 나를 믿어줘. 나는 매우 강한 사람이고 내가 어디에 있고 싶고 어디로 가려고 하는지 잘 아니까.

내가 미지의 것, 낯선 것을 추구한다는 사실을 받아들여야 해. 그게 내가 꿈꾸는 삶과 사업을 일굴 수 있는 유일한 방법이야! 그러니까 부디 익숙해지길 바라. 조만간 변할 일도 없고 결론적으로 내가 너보다 더 강하거든. 심술을 부리려는 게 아니라 네가 상황을 파악하도록 돕고 앞으로 우리 관계가 나아갈 방향을 알려주려는 거야. 그 이하의 상황은 내가 용납하지 않을 테니까.

그리고 고맙다는 말은 꼭 하고 싶어. 항상 나를 보살펴줘서 고마워. 보호해주고 또 내가 불편함을 느끼는 모든 순간이나 상황에 나타나준 것도. 나는 소파에서 쉴 때는 왜 네가 나타나지 않는지 늘 의아했어. …… 그 순간에는 내가 안전하고 편안했기 때문이라는 걸 이제는 알아. 넌 뭔가가 잘못되었다고 느끼지 않는 한 나에 대한 사랑을 보여주고 싶어 하지 않지.

그러니까 부디 아무 문제도 없다는 걸 알아줘. 사실 모든 게 괜찮아. 정말 놀랍고 신나고 기막히게 좋은 상태야.

키스와 포옹을 보낼게.

강하고 무한한 내가.

두려움과 사랑에 빠질 준비가 되었는가?

이제 이 선물을 당신에게 넘기겠다.

믿음의 도약

우리 여정을 마치기 전에 두려움과 믿음의 관계에 대해 꼭 얘
기해야겠다.

믿음은 언제나 이용할 수 있고, 두려움에 맞설 때 우리를 평온
하고 편안하게 해주는 강력한 힘이다. 그건 우리가 자신보다 훨
씬 큰 존재에 대해 무한한 신뢰와 확신을 품고 있다는 뜻이다.

여덟 번째 선택

다시 읽어보자. 어떤 존재에 대한 무한한 신뢰와 확신.

내가 생각하는 믿음은 나보다 크고 위대한 무언가를 완전하고 무조건적으로 믿는 것이며, 두려움에서 해방되고자 할 때도 믿음은 강력한 해독제 역할을 한다.

그건 우리가 더 위대한 존재에서 비롯되었고, 더 위대한 존재와 연결되어 있으며, 그 위대한 존재가 우리의 창조를 도우면서 항상 뒤를 지켜줄 것이라고 믿는 것이다.

'그것'이 무엇인지는 중요하지 않다. 신, 우주, 근원 등 자신에게 효과가 있는 건 무엇이든 가능하다. 타협할 수 없는 중요한 한 가지는 그것의 진실을 알고 인정하는 것이다. 우리는 혼자가 아니고 이 일을 혼자 하는 것도 아니다. 이 일을 혼자 하리라고 기대하지도 않고 혼자 하도록 의도된 것도 결코 아니다.

분명히 말하지만 어떤 종교적 맥락에서 신앙에 관해 이야기하는 것이 아니다. 여기서 말하는 믿음은 어떤 종교적 신념이나 단체와도 연결되어 있지 않다(물론 당신이 자신에게 도움이 되는 종교를 선택하는 것은 자유지만).

나는 유대인으로 태어나서 자랐고 문화적으로도 그쪽과 연관되어 있다. 그러나 내가 믿는 것과 관련해서는 모든 것을 포괄한다. 나는 우주의 무한한 지혜와 우주가 제공하는 모든 것을 믿기로 했다.

두려움과 사랑에 빠질 준비가 되었는가?

왜 우리 여정이 끝나가고 있는 지금 이런 얘기를 하는 걸까? 한 가지 이유는 당신이 인식을 고조시키고 자기만의 길을 선택할 때 믿음이 필요하다고 생각하기 때문이다. 하지만 한편으로는 믿음이 치유하고, 힘을 실어주고, 진정시키고, 희망을 주고, 든든한 지원자가 되어주기 때문이다. 두려움에 맞서 앞으로 나아가면서 '근본적인 개인적 책임'을 질 때 그런 믿음이 필요할 것이다.

당신이 소유한 놀라운 힘은 상상 가능한 그 어떤 것보다 굉장하기 때문에 자신이 혼자가 아니라는 사실을 아는 것이 중요하다. 이 '근원'은 필요할 때마다 항상 당신과 함께 있고 당신 안에도 있다.

우리 모두를 연결하고, 기적을 일으키고, 가치 있는 인간인 우리가 서로 연결되어 진정한 하나가 되었음을 일깨워주는 '근원'을 믿고 신뢰하자.

이 '근원'은 우리가 인간 경험의 어두운 순간에 빠져 있을 때 힘과 용기, 자신감과 지지를 제공한다. 심호흡을 하면서 자신을 완전히 내맡겨도 자기가 있어야 할 바로 그곳에 있다고 믿을 수 있다.

거대한 도약을 시도하고, 새로운 선택을 하고, 미지의 세계로 들어서고, 믿음으로 도약하려고 할 때마다 필요한 에너지와 자신감을 안겨줄 것이다.

늘 그렇듯이 인생이 꼬이고 또 꼬여서 "이게 대체 뭐하는 짓이야?"라고 묻고 싶을 때도 잠시 멈춰 심호흡을 하면서 모든 것이 우리에게 최고의 이익을 안겨주기 위해 일어나는 일이라고 믿어야 한다. 그게 사실이기 때문이다. 비록 그 순간에는 일이 어떻게 돌아가고 있는지 알 수 없더라도 말이다. 그래도 조만간 알게 될 것이라고 보장한다.

두려움과 믿음에는 공통점이 있다. 둘 다 볼 수 없는 것을 믿으라고 요구한다.

나는 당신을 보고, 당신을 믿는다. 당신도 그렇게 할 수 있다.

우리 함께 '가치 있는 인간 만트라'를 되뇌어보자.

나는 가치 있는 사람이다. 나는 괜찮은 사람이다. 나는 강한 사람이다. 나는 원하는 걸 선택할 수 있다.

두려움과 사랑에 빠질 준비가 되었는가?

당신의 자격은 이미 충분하다

자, 나의 사랑스럽고 멋진 친구 여러분.

성장을 위한 열쇠, 청사진, 로드맵. 우리가 인생이라고 부르는 이 위대한 선물을 위해 더욱 확장된 모습을 보여주기 바란다.

이제 이 책은 끝났지만 여행은 지금 막 시작되었다.

이 책을 개인적인 성장을 위한 지침서로 활용하기 바란다. 다시 돌아가 작업을 진행하면서 책 전체에 소개한 다양한 방법과 실습 과제를 활용하자.

영감을 느끼는 것은 놀랍고 또 필요한 일이지만 그 영감을 활용해 무엇을 하느냐에 따라 변화의 범위가 달라진다.

모든 일에는 노력이 필요하다. 우리가 해야 할 일은 선택하는 것뿐이다.

우리는 치유받을 자격이 있다. 꿈꾸던 삶을 누릴 자격이 있다. 자신을 방해하는 것을 버릴 자격이 있다. 원하는 기분을 느끼면서 시간을 보낼 자격이 있다.

자기가 아는 가장 행복한 사람이 될 자격이 있다.

오늘부터 일어나는 모든 일은 우리의 선택 능력에 달려 있다.

그리고 이제 우리는 자신에게 얼마나 많은 선택권이 있는지 깨닫게 되었다.

이제 자기가 왜 이곳에 있는지, 왜 본인이 느끼고 싶은 감정을 느끼지 못하는지 궁금해할 필요가 없다. 최고의 삶을 만들고 살아가는 데 필요한 모든 것이 자기 내면에 있다는 사실을 깨닫고 이해했기 때문에 이제 외부를 바라볼 필요가 없다.

우리는 필요한 모든 힘을 가지고 있다. 항상 그랬고 앞으로도 그럴 것이다.

항상 해결책이 되자.

지금 이 순간부터 이곳에 머무는 그날까지(어쩌면 100세가 넘을 때까지일지도 모른다) 계속 선택을 이어가야 한다. 본인이 원하는 삶을 의식적으로 만들어가자.

되고 싶은 사람, 느끼고 싶은 기분, 이 세상에서 만들고 싶은 것, 하고 싶은 행동, 붙잡고 싶은 것과 버리고 싶은 것, 낭비하고 싶은 에너지의 양, 신경 쓰고 싶은 일 등을 직접 선택할 수 있다.

마지막으로 나를 울리면서 동시에 내 마음에 불을 지핀 인용문을 하나 소개하겠다. 이 글은 내가 살면서 선택한 모든 것과 이 세상에서 일을 해나가는 방식을 뒷받침한다.

"누군가 지옥의 정의를 알려주었다. 지상에서의 마지막 날에 내가 될 수도 있었던 사람을 만나게 되는 것이다." – 작자 미상

상당히 충격적인 말인데 그게 바로 요점이다. 우리가 어떤 사람이 될지는 전적으로 우리 자신에게 달려 있다.

우리는 무한하다. 우리는 강하다. 우리는 부족함이 없다. 우리는 가치 있는 인간이다.

그러니 자신을 잘 대우하자.

이렇게 많은 사랑과 지지를 받다니 난 정말 운 좋은 사람이다. 모든 분께 무한한 감사와 존경을 표한다.

항상 내가 누구인지 기억하도록 키워주신 멋진 아빠 제프, 한결같이 날 위해 곁에 있어 주시고 너무나 근사한 성姓을 물려주셔서 고마워요.

최고의 남편 데이비드는 내가 책을 쓰는 내내 작가가 요구할 수 있는 것 이상의 지지와 인내, 사랑을 보여줬다.

사랑스러운 10대 딸들 테일러, 매디, 조이는 항상 신바람 나는 격려의 말을 건네줬고 엄마가 몇 시간씩 서재에 틀어박혀 글을 쓰는 것도 잘 참아줬다.

내 영혼의 한 부분을 차지하고 있는 멋진 언니들 배리와 제이미는 자신들의 말에 귀 기울여주는 모든 이들과 나에 대한 믿음을 공유했다.

내가 하는 일에 끝없는 관심과 지지를 보내주는 모든 가족과 친구들에게 진심으로 감사한다.

매일 나와 함께 어울리고, 배우고, 사랑하고, 성장하는 최고의 존재들로 이루어진 나의 경이로운 공동체에도 감사드린다.

능력 있는 북코치 마리의 지도와 지원 덕분에 이 책을 세상에 선보일 수 있게 되었다.

사랑스러운 반려견 써니는 내가 글을 쓰는 동안 몇 시간씩 발치에 누워 기다려줬다.

그리고 나보다 앞서 이 길을 걸어간 자기계발 분야의 선구자이자 내 멘토이면서 스승인 모든 분들께 감사드린다. 그들의 노력 덕분에 내가 이 일을 할 수 있는 길이 열렸다. 토니 로빈스, 마리사 피어, 바이런 케이티, 마이클 닐, 짐 론, 잭 캔필드, 브레네 브라운, 조 디스펜자 박사 등 감사할 분들이 매우 많다. 그분들 모두에게 끝없는 존경과 감사의 마음을 전한다.

당신은 꽤 괜찮은 사람입니다

1판 1쇄 찍음   2024년 6월 17일
1판 1쇄 펴냄   2024년 6월 24일

지은이   트레이시 리트
옮긴이   박선령
펴낸이   조윤규
편집   민기범
디자인   홍민지

펴낸곳   (주)프롬북스
등록   제313-2007-000021호
주소   (07788) 서울특별시 강서구 마곡중앙로 161-17 보타닉파크타워1 612호
전화   영업부 02-3661-7283 / 기획편집부 02-3661-7284 | 팩스 02-3661-7285
이메일   frombooks7@naver.com

ISBN   979-11-88167-91-3 (03190)